# Voces alzan vuelo en el reflejo de las piedras caídas

*Voices take flight in the reflection of the fallen stones*

*Voces alzan vuelo en el reflejo de las piedras caídas*
Todos los Derechos de Edición Reservados
© 2015, sus autores: Ana Enriqueta Terán, Antonieta Madrid, Carmen Cristina Wolf, María Gabriela Madrid, Norka Armand, Pedro M. Madrid, Rosa Francisca Beotegui, Gavriel Peretz, Astrid Lander, Carlos Armando Figueredo Planchart, Edicta Oporto de García, Isabel Cecilia Gonzáles Molina, Mary Rodríguez Herrera, Ana María Velásquez Andersón, Magaly Salazar Sanabria y Lidia Salas
Compilado por: María Gabriela Madrid
Prólogo: James Brandenburg
Introducción: José Díaz Díaz
Palíndromo: Darío Lancini
Imagen de portada: A la mitad del sueño, Alejandro Rosales Lugo

ISBN-10: 1630650293
ISBN-13: 978-1-63065-029-2

Pukiyari Editores
www.pukiyari.com

*Voices take flight in the reflection of the fallen stones*
All Rights Reserved
© 2015, its authors: Ana Enriqueta Teran, Antonieta Madrid, Carmen Cristina Wolf, Maria Gabriela Madrid, Norka Armand, Pedro M. Madrid, Rosa Francisca Beotegui, Gavriel Peretz, Astrid Lander, Carlos Armando Figueredo Planchart, Edicta Oporto de Garcia, Isabel Cecilia Gonzales Molina, Mary Rodriguez Herrera, Ana Maria Velasquez Anderson, Magaly Salazar Sanabria and Lidia Salas
Compiled by: Maria Gabriela Madrid
Prologue: James Brandenburg
Introduction: Jose Diaz Diaz
Palindromist: Dario Lancini
Cover image: In the middle of the dream, Alejandro Rosales Lugo

ISBN-10: 1630650293
ISBN-13: 978-1-63065-029-2

Pukiyari Publishers
www.pukiyari.com

# ÍNDICE/CONTENTS

# ESPAÑOL/SPANISH

**ADÁN:**
¿Yo soy yo…? Dudo.


**DIOS:**
Ah, el ateo paranoico
Me emocionará, poeta.
¿Le has oído? Dudó y
Yo soy nada.


*Palíndromo: Palabra o frase que se lee igual al*
*derecho y al revés.*
*Escritor de palíndromos y poeta, Darío Lancini*
*(Q.E.P.D)*
*Palíndromo tomado del libro OÍR A DARÍO*

# AGRADECIMIENTOS

Agradezco a todas aquellas personas que han sido vitales en la elaboración de esta antología: A mis padres Olga Madrid Maya de Madrid y Miguel Madrid Abreu (Q.E.P.D) por inculcarme la pasión por la Literatura y las Artes. A todas las mujeres de mi familia por tener incrustada en el alma la fuerza y pasión por la vida. A mi esposo Augusto Parra, águila al acecho, por su ojo crítico y severo. A mi hija Alejandra Eugenia Parra-Madrid por su paciencia y espíritu de cóndor volando al cielo. A mi hermano Pedro M. Madrid M, poeta existencialista (Q.E.P.D), a mis hermanas Tatiana Madrid de Castillo y María Eugenia Madrid quienes estando espiritualmente cerca las tengo físicamente lejos, a José Díaz Díaz por sus sabios consejos en la edición de esta antología, a Alejandro Rosales Lugo por enaltecerla con su óleo, a Ani Palacios y Pukiyari Editores por su apoyo incondicional y por ser fundamental en la publicación de esta antología y finalmente siempre agradecida con María Angélica Brandenburg, James Brandenburg, Palmer Hall (Q.E.P.D) y Dr. Mo Saidi por dar alas para que las voces alcen vuelo en el reflejo de las piedras caídas.

# INTRODUCCIÓN

José Díaz Díaz

Pocas veces en la historia de la Literatura y de la Poesía de un país se puede mostrar un haz tan representativo de autores –poetas, en este caso– que enaltezcan las letras de su tierra natal de manera apropiada, como esta, conformada por miembros de un tronco familiar cuyo hilo conductor enlaza su profunda creatividad en la metáfora de la palabra escrita.

En la presente antología, María Gabriela Madrid, perteneciente a este notable grupo familiar (escritora, poeta y editora bilingüe), se da a la tarea de investigar a fondo, de recopilar textos de emotivo aliento; hurgando en los meandros de su árbol genealógico para obsequiarnos con un ramillete de vigorosa escritura; bardos todos ellos vigentes y portadores de un mensaje literario de innata calidad.

Nada más oportuno, en estos años en que Venezuela se encuentra asolada por la demagogia y la rampante ignorancia enquistada en el poder, que la presencia en los anaqueles de la cultura hispanoamericana y anglosajona de una elaborada obra poética que recoge el más expresivo y exquisito canto de un puñado de voces privilegiadas vibrando en el sentimiento de sus recónditas emociones, esperanzas y desasosiegos.

Con este nuevo logro editorial de María Gabriela Madrid, se consolida aquel sueño que desde hace muchos años rondara su infatigable propósito de converger en un hermoso libro la huella de la palabra precisa y libertaria de sus más cercanos ascendientes y contemporáneos. Igualmente, para los amantes de la Poesía en español tanto como en inglés, constituye un acontecimiento de íntimo regocijo el poder acceder a un material literario que transcribe a borbotones la calidez genuina de un lenguaje de transparencia que igual describe el mapa de su geografía sudamericana como la vigorosa imagen de su recia idiosincrasia.

# NOTA

María Gabriela Madrid

En esta antología funjo como poeta y compiladora de un grupo de poemas que refleja la sensibilidad extrema de sus creadores. Una antología que cuenta con la presencia de casi todos los poetas de mi familia. Una compilación de la vida, de la Venezuela que fue, de la añoranza por el regreso de aquellos días. No sé cuántas vivencias, imágenes de recuerdos compartidos; cuántas celebraciones, cuantas reuniones familiares habrán revoloteado en mi cerebro cuando esa tarde bucólica nos abrazamos y dijimos "chao, hasta pronto". "Ya te voy a ver de nuevo" dijo mi padre la última vez que lo abracé para morir meses después, "ya nos veremos", dijo mi madre después de muchos abrazos y de pie en el portón de la casa a la espera que el carro se alejara para no prolongar el dolor que implicaba bajar al aeropuerto. Fueron las tías las que estuvieron conmigo ese día y con rostros compungidos al igual que yo forzaron sus músculos para esbozar la falsa sonrisa que mitigaría la despedida... "En diciembre nos vemos", dijeron las tías separadas por el vidrio de seguridad y con señas me pedían que siguiera adelante, que no regresara ni volteara para no entrecruzar de nuevo nuestras miradas ahogadas en las lágrimas contenidas. Por muchos años, a pesar de cada despedida y del sentido desgarramiento, siempre albergué la esperanza de regresar en cualquier momento, de verlos a todos de nuevo, de pisar el mosaico multicolor del bullicioso aeropuerto pero paulatinamente todo cambió. Ahora los pasillos están vacíos, por horas nadie pisa el mosaico de colores, aquella obra de arte cinético de Carlos Cruz Diez que nos enorgullece como venezolanos y ahora refleja la decadencia del país. Son pocos los aviones que aterrizan y despegan. Cada vez más son menos los turistas y los venezolanos expatriados visitando el país. El miedo a ser una estadística impide hasta al más osado volver a Venezuela, dejándolos con la única alternativa de vivir su presente y preservar los recuerdos que no importa hayan sido fijados en la memoria durante la infancia, adolescencia o adultez, y ahora muchos de ellos están plasmados en los poemas que conforman este libro.

Tantas casas testigos de recuerdos. La situada al pie de las montañas andinas, hecha de piedra, con techo de tejas, las vigas de madera donde las tuquecas se desplazan y el cuarto de la loca que nadie busca visitar y mucho menos dormir en aquel lugar donde se cuela el frío entre las piedras, se escucha el hondo silbido del viento, los pasos cuando nadie está caminando y los alaridos de la Sayona o acaso los maullidos de los gatos en los tejados. La casa situada frente al mar, apenas a tres horas de Caracas. Un trayecto donde cautivados por los olores de las empanadas de cazón, queso y carne de forma obligatoria nos deteníamos para degustarlas y luego contábamos los kilómetros en voz baja y así sabíamos que estábamos llegando a la casa. La casa de nombre "La Coneja". La Coneja con el tanque de agua. La casa de los siete cuartos y aquel corredor repleto de hamacas. La casa que albergaba hasta treinta personas en camas dobles, literas y chinchorros. Las caminatas diurnas y nocturnas a la orilla del mar. "Semanas santas" donde nos reuníamos familiares y amigos. Esa noche inolvidable cuando una de mis tías abuelas, puso a un lado sus dientes postizos y caminando despacio nos tomaba desprevenidas por la espalda y nos mostraba su boca vacía, sin dientes. La misma tía que movía objetos y una vez movió la mesa de madera. En el momento nadie vio si fue ella misma la que alzó la mesa con sus piernas, o si era cierto que ella tenía el don de la telequinesis. Noches en las que los mayores alrededor de la fogata nos contaban cuentos de miedo y siempre contaban la anécdota del hombre del liquilique que conversaba y mostraba al reír su diente de oro para descubrir al día siguiente que ese hombre del liquilique con el que habían hablado el día anterior se había ahorcado hacía varios años en esa casa.

La casa en Margarita donde niñas de distinta procedencia eran instruidas en las tareas de la casa y la costura. La tarde cuando jugamos con la colección preciada de metras de todos los tamaños multicolores. El cuarto de las máquinas de coser, de los bordados, de los linos, de los trajes de nido de abeja, de los vasos de vidrio llenos de botones. La tía poetisa que aquella tarde nos sorprendió con un tigrito en brazos y entre los cantos de las guacamayas y maullidos culminó nuestra visita.

La casa del segundo piso, apartamento pero a la vez más grande que una mansión, es la casa que atesora libros preciados y objetos traídos de las estadías en otros países y ahora residente en Venezuela pasa horas enteras escribiendo relatos y novelas. Es la tía del gato y el perro, la tía presente en el Facebook, la tía del blog, la tía que enseña los secretos.

La casa de los mastines y los *rottweilers* que corriendo a la puerta olfatean a cualquiera que pretenda entrar y al cruzar la puerta; el piano, las esculturas de plata y cristal, los cuadros y los jarrones chinos dan la bienvenida. El cuarto de las piedras semipreciosas a la espera de la tía orfebre. La misma que colorea libros infantiles, la que recopila fotos y anécdotas de la familia, la que escribe e inmersa en la tecnología tiene su blog repleto de reseñas, cuentos y novelas. La tía que aquella noche de navidad tenía la mesa vestida con el mantel español y estaban en despliegue el jamón planchado, el pavo con salsa de ciruelas, la ensalada rusa, la ensalada de piña con celeri y manzanas, el arroz verde, el chupe de gallina y las hallacas. Un menú de reyes y mientras la tía terminaba de vestirse, antes de la llegada de cualquier comensal, uno a uno los mastines y *rottweilers* entraron por la puerta corrediza al salón principal y olfateando en silencio de un salto se montaron en la mesa y se comieron todo. Aturdida sintió un intenso dolor de cabeza pero su gabinete no tenía la medicina requerida. En fracciones de segundos el teléfono timbró en casa de sus hermanas y rápidamente recibió las pastillas que le calmaron el dolor, otro mantel de lino bordado vistió la mesa y albergó los platos que trajeron los familiares y amigos. Era un país donde no había escasez de medicina y alimentos, sino variedad y se podía improvisar a último minuto.

La casa donde crecí es la casa de las tejas rojas donde al cruzar la puerta cobran vida los recuerdos y se siente la presencia de mi padre y mi hermano enrollado en su sábana blanca; leyendo, escribiendo y rara vez recitando sus poemas existenciales en voz alta. Ambos deambulando en la noche por cada rincón de la casa.

El salón rojo testigo de amores y desamores, de risas y recriminaciones, de reuniones familiares donde sin tabú podía hablarse de cualquier tema, de la vida, de los sueños y temores, de COPEY, de AD, el MAS y el MIR y es solo hoy en día que por amor a la familia nadie habla de política. Es una tensión suspendida rezagada al olvido por los recuerdos compartidos. Hay muchas familias divididas, hay otras como la mía que han aprendido a convivir, a compartir los cuentos de antaño, los poemas y relatos recién creados, los problemas diarios buscando pasar un rato agradable. Son recuerdos atesorados donde se entremezclaron las luces y las sombras. Donde los cuentos dieron paso a que lo intangible fuera tangible. Momentos compartidos donde familiares y amigos estaban presentes y aún no habían partido a otros países. Es una antología donde todos están físicamente unidos y después que la innombrable haya sesgado la vida de los que la conforman, pasará gracias al papel y al Internet a generaciones venideras.

# PRÓLOGO

James Brandenburg

La antología poética bilingüe venezolana: *Voces alzan vuelo en el reflejo de las piedras caídas*, honra las voces literarias de Venezuela. Este grupo a pesar de estar formado por algunos de los mejores poetas y escritores del país aunque reconocidos en Venezuela, en los Estados Unidos no son muy conocidos. Este grupo diverso, de diferentes edades, culto, talentoso y creativo nos brinda a través de las traducciones al inglés la oportunidad de penetrar en su mundo. Los autores escriben sobre la belleza y el mundo cambiante de su Venezuela natal.

En Norka Armand "Construí un sueño para atrapar las pesadillas", la poeta escribe sobre un mundo cambiante. "En Fandeo, la hacienda, donde las cañas de azúcar se achicharran, y los ojos de vacas pasando el pasto para convertirlo luego en ¡LECHE PASTEURIZADA! Y tú con el centímetro para medir las exageraciones y Plancton muriendo once veces. Porque once son las estrellas fugaces".

Las imágenes en los poemas de Norka Armand son también las imágenes de una pintora. "Soy una acuárida que mira la acuarela / miro a través de las hojas el cielo / miro a través de la hoja a Plancton y cómo le cuela la sangre entre las piedras del muro".

Carmen Cristina Wolf expresa la belleza del campo en su poema "El Tren" "A ojos cerrados, imaginas / las conversaciones del bosque / su polen en aromas verdaderos / el oro entre los árboles / te preguntas / si el canto de las olas llegará hasta la ventanilla de tu sueño / Y llevan al lector a preguntarse: "Si vas o vienes, ¿quién lo sabe? El poema habita su secreto".

Carlos Armando Figueredo Planchart menciona el reflejo de las piedras en su "Poema 1".

"Me iniciaste en el camino / y me hinqué ante la piedra / en la colina y las plantas / y el jugo sació mi sed". El poeta ha aprendido a celebrar la tierra... "me hiciste celebrar la blancura de ovejas y palomas / y el fuego, y el agua y la tierra / me abriste el amor de estrellas y galaxias / me hiciste venerar la humana criatura. Me hiciste capitán / de un ejército / de sabiduría/ para postrarme / ante el verbo de Dios".

María Gabriela Madrid honra la muerte de su padre en el poema, "Caballo Negro Azabache".

"Caballo viejo cansado / por siempre te seguiré amando".

Edicta Oporto de García honra el pasado en su poema, "El Brillante". El poema está dedicado al político y general de la independencia de Venezuela, Rafael Urdaneta. "La patria venera / al gran luchador / Nacido en el Zulia / y es un gran honor / su excelsa figura de hombre importante / por eso Bolívar le llamó / El Brillante".

Lidia Salas en su poema "Canción de Ciudad" plantea la idea que el lugar de nacimiento se lleva siempre en nuestros corazones, y que esta imagen está siempre presente en nuestros recuerdos. Esta imagen es universal "o porque el mundo a fin de cuentas / tiene la misma calle / en todas partes / quizás en el mundo esta calle está en todas partes".

Los poetas y los escritores de la antología, *Voces alzan vuelo en el reflejo de las piedras caídas* transportan a los lectores a su mundo a través de la utilización del lenguaje poético e imágenes poéticas al mismo tiempo que llevan al lector a que recuerde su lugar de origen.

# ANA ENRIQUETA TERÁN

ANA ENRIQUETA TERÁN nació en Valera, Venezuela el 4 de Mayo de 1918 y comenzó a escribir desde temprana edad. Sus poemas ahondan en la naturaleza, y en el hogar. Ana Enriqueta Terán recibió el "Premio Nacional de Literatura" (1990); el "Doctora Honoris Causa en Educación" por la Universidad de Carabobo (1989) y mención en el "Concurso Municipal de Poesía" (1946), Premio José Rafael Pocaterra. Reside en Valencia en donde fue presidenta del Ateneo. Terán ha publicado más de una docena de libros. Mencionando algunos pero no todos:

*Al Norte de la Sangre* (1946), *Presencia Terrena* con prólogo de Juvenal Ortiz Saralegui, (1949), *Verdor Secreto* (1949), *Testimonio* (1954), *De Bosque a Bosque* (1971), *Libro de los Oficios* (1975), *Música con Pie de Salmo* (1985), *Casa de Hablas* (1991), *Albatros* (1992), y *The Poetess Counts* to 100 and *Bows Out*. Edición Bilingüe (Princeton University Press).

William Rowe incluyó a Ana Enriqueta Terán al igual que a otros siete autores latinoamericanos en su libro: *"Poets of Contemporary Latin America; History and the Inner Life" por Oxford University Press* (2000). Ana Enriqueta Terán ejerció cargos diplomáticos como agregada cultural y mujer de negocios en Uruguay y Argentina.

# LOS MORADORES LANZAN SUS ESCRITOS

Los moradores lanzan sus escritos
sobre pueblos, aldeas y ciudades.
Los moradores llevan sus crueldades
a destrozar la sombra de los mitos.

A ras de piso como en anteriores
hazañas y silbidos infinitos.
Documentos y pliegos manuscritos
a ras de piso por los corredores.

En la vigilia donde desempeña
el verbo amar su cometido puro,
los moradores hablan con alguna

muy precisa, buscando la reseña
de lo inaudito, hablando con alguna
que deslinda lo claro de lo obscuro.


Tomado del libro *The Poetess Counts to 100 and Bows Out.*
*Princeton University Press*
*En amazon.com*

# A UN CABALLO BLANCO

Qué fragor en las crines, qué lamento
de cuello hasta los belfos conquistado,
resbaladas llanuras el costado:
¡Caballo blanco por mí solo intento!

Copian sus ojos el paisaje lento
y un árbol en el fondo gime anclado,
los tintes del azul y del morado,
trepan sus ancas, siguen en el viento.

Huye de mí, se pierde en la verdura
de las yerbas crecidas, adelanta
su pecho hasta el poniente y la espesura,

Huye de mí como una racha oscura
y blanco desde el pecho a la garganta
en el fondo de mí canta su albura.


Tomado del libro *The Poetess Counts to 100 and Bows Out.*
*Princeton University Press.*
*En amazon.com*

## EL MOTATÁN

Es el poder del vuelco. Cesantía
de la dulzura. Pecho emancipado
con espacio de espuma en recia vía.

Desborda cauce, torso desgarrado.
Orillas yacen quietas y respiro
de arboledas profundas, con alado
canto, sulfilan el caliente giro
del follaje a consuno con umbroso
pulso de clima que, sumisa, admiro.

No de glareas puras el reposo
del fondo, si madeja sumergida
de reflejos en rueda. Fiero acoso.

Del borbollón y linfa decidida
resbala muslo. Abajo con la traba
de pedruscos y rama sumergida.

Escojo de tu pecho lo que hallaba
mano inocente en tu lujoso frío,
por si la luz, inmensa, me acercaba

a peligroso círculo bravío.
(Gritos y risas en creciente enojo,
del recuerdo por húmedo extravío.)

Misma esa luz, asida a trino rojo
de pájaro. Esa luz con filo tanto
que hirió, sajante, limpidez del ojo,
para dejar grabada en calicanto
fuente dichosa, en hora y hermosura,
con volantes de brisa y palosanto.

Tu mismo nombre, Motatán, figura
es de tumbos, caídas, levantarse
sonando fuerte en tajo. Desmesura.

Lo escrito, reposado, ha de salvarse
junto a tu nombre secular de río,
dispuesto a obedecer hasta dejarse
caer de golpe en tremendal sombrío.
juventud mía estuvo en tu corriente.
Escúdame en tu pecho. Tú en el mío.
Y dame ser eterna en tu presente.

Tomado del libro *The Poetess Counts to 100 and Bows Out.*
*Princeton University Press.*
*En amazon.com*

# ANTONIETA MADRID

ANTONIETA MADRID nació en Valera-Venezuela. Recibió el Magister en Literatura Latinoamericana Contemporánea, Universidad Simón Bolívar (USB, 1989) Licenciada en Educación, Universidad Central de Venezuela (UCV, 1968); Estudios de Doctorado en Ciencias Sociales (FACES/UCV). Invitada por The University of Iowa, School of Letters como escritora en residencia, recibió el título de Honorary Fellow in Writing en 1970. Antonieta Madrid ha publicado: *Nomenclatura Cotidiana* (Edición Bilingüe: naming day by day), New York 1971; *Reliquias de Trapo* (Relatos. Monte Ávila, 1972); *No es Tiempo para Rosas Rojas* (Novela. Monte Ávila, 1975,1983, 1992 varias ediciones), desde 2004 en la Colección Biblioteca Básica de Autores Venezolanos; *Feeling* (Relatos.CADAFE, 1983 y Caja Redonda, 1997); *Lo Bello/Lo Feo* (Ensayos. Academia de la Historia, 1983; *La Última de las Islas* (Relatos. Monte Ávila, 1988); *Ojo de Pez* (Novela. Planeta, 1990 y Equinoccio USB, 2006); *Novela Nostra* (Ensayos. FUNDARTE, 1991); *El Duende que Dicta* (Ensayos. Caja Redonda, 1998); *De Raposas y de Lobos* (Novela. Alfaguara, 2001); *Al Filo de la Vida* (Relatos. Bid and CO. Editor, 2004). Antonieta Madrid obtuvo el Premio Interamericano de Cuento INCIBA (1971); Premio Municipal de Literatura del Distrito Federal (Mención Narrativa 1974); Premio Único Bienal de Literatura José Rafael Pocaterra (Mención Narrativa 1984); Premio Único de Ensayo FUNDARTE (1989); Finalista del Premio Internacional de Novela Rómulo Gallegos (1991), Primera finalista del Concurso de Cuentos de El Nacional (1981).

Entre otros reconocimientos, sus obras, traducidos a varios idiomas: Inglés, Alemán, Francés, Italiano, Griego Moderno, y Serbio-Croata, forman parte de numerosas antologías y son estudiadas en universidades nacionales y del exterior. Diplomática desde 1975, ejerció cargos en las Embajadas de Venezuela en Buenos Aires-Argentina, Grecia-Atenas; Beijing-China; Varsovia-Polonia y Barbados.

## RESURGIMIENTO

Los tirantes ladridos me recordaron que debía
despertar
Eres aquel fantasma enguantado que rompió el tiempo
Yo, ese vegetal sin raíces que agonizaba bajo el sol
Te acusé de soberbia
   de inconsecuencia
   de misantropía
   y hasta de locura
Pude reírme de un mundo que no sonreía
Renunciar a lo impreciso
   (Era mi defensa contra el siglo metálico)
Hoy, tu sombra se convierte en mi verdad
Rescato contigo mi desierto
Miro el simétrico jardín
Dibujo con una ramita tu retrato
Te invento
Mi amor te dilata
Ya eras anterior a la creación.

Tomado del libro *naming day by day* (nomenclatura cotidiana).

# TE HABÍA PERSEGUIDO

Te había perseguido en el espacio
La dicha disminuye a medida que te acercas
He germinado
Nadie me hiere
      ni siquiera la sumisión de una meta
Fue una prueba de monotonía
Sola
      liberada de la espera
      sin planes
      sin ambiciones
      sin inteligencia
      sin reflexión posible
Rozo con mis dedos tus maletas.


Tomado del libro *naming day by day* (nomenclatura cotidiana).

## SOY ESA MUJER

SOY ESA MUJER SOLA que se extiende al sol
      que trepa por las paredes
      que se pierde entre las grietas
      que bebe cerveza
      que lee a Marcel Proust
      que se habitúa al mundo articulado
      Y
      a la menor irregularidad
      ¡Salta los muros!

Tomado del libro *naming day by day* (nomenclatura cotidiana).

# CARMEN CRISTINA WOLF

CARMEN CRISTINA WOLF es poeta, ensayista y editora nacida en Caracas-Venezuela. Abogada con Estudios Superiores en Literatura Hispanoamericana. Obra publicada: En poesía: *Canto a la Mujer*, Cármina Editores 1997; *Canto al Amor Divino*, Cármina Editores 1998, *Escribe un Poema para Mí*, Círculo de Escritores de Venezuela 2001; *Fragmentos de Isla*, Poiesis 1988, *Prisión Abierta*, Al Tanto 2002, *Colección Las Iniciales del Tiempo*, Atavíos; *El Pez Soluble*, 2007; *Huésped del Amanecer*, Universidad Nacional Abierta 2008. *La Llama Incesante*, Aforismos, Centro de Estudios Iberoamericanos de la Universidad de Salamanca; *Retorno a la Vida*, Ensayo, Cármina Editores; *Poesía Femenina y Violencia*, publicado en la Antología 8º Encuentro Internacional de Escritoras 2008; *Estudio sobre la obra de Rafael Cadenas*, Conciencia Activa 21; *Acontecer Fecundo: Estudio sobre la obra de Luz Machado*, publicado por la Asociación de Escritores de Mérida 2008; *Retorno a la Vida*, Cármina Editores 2006. Ella ha sido profesora de Comunicación y Oratoria en el Instituto de Estudios Diplomáticos Pedro Gual. Obtuvo el Premio al Concurso de Cuentos 2005 de la Librería Mediática. Finalista en el Premio Mundial de Poesía 2009 de la Sociedad de Arte Y Literatura. Su obra aparece en *Antología de Poetas Venezolanos* por José Antonio Escalona, Universidad de los Andes 2002; *Quiénes escriben en Venezuela* (Conac 2004); *El Hilo de la Voz*, 2004; *Antología del Círculo de Escritores de Venezuela*, 2005; *Biblioteca de Venezuela Analítica; Mujeres Venezolanas ante la Crítica de la Asociación de Escritores de Mérida*, 2008; *Antología Octavo Encuentro Internacional de Escritoras*, de la

Asociación de Escritores de Mérida, 2008; *Antología de Versos de Poetisas Venezolanas*, 2006; Corresponsal de "PublicARTE".

Una muestra de su poesía aparece en el libro *La Mujer Rota* (Primer Foro Internacional de Poesía). Es Directora de Cármina Editores, Expresidente del Círculo de Escritores de Venezuela.

*Quisiera decir adiós con una sola sílaba.*
*La menos dolorosa,*
*la más breve.*

Eugenio Montejo

## EL TREN

A ojos cerrados, imaginas
las conversaciones del bosque,
su polen en aromas verdaderos,
el oro entre los árboles.
Te preguntas
si el canto de las olas llegará
hasta la ventanilla de tu sueño.

¿Será tu voz gentil como tu rostro,
apacible viajera?

Nada nos pertenece.

Pasa tu cuerpo apenas, mientras el tiempo gira
ajeno como un pájaro en su vuelo.

Afuera el horizonte y su quimera.
Si vas o vienes, ¿quién lo sabe?
El poema habita tu secreto.

## EL ALMA

Dime, geranio del jardín

¿Sabes tú dónde se ha ido el alma?

El cuerpo está ausente
y mis manos no alcanzan a bordar sus memorias
Ignoro dónde estás, alma mía

sólo espero que vayas en buen paso

No hables con el ruiseñor

Perderías el vuelo hacia la umbría

No es tiempo aún
de encontrar el árbol del comienzo

## EL POEMA

Escuchar los espacios de las frases
el pensamiento hable y las palabras piensen

Escribir y mostrar
en solitaria y única constancia
el cortejo de dudas y su incansable afán

regocijar la página

A veces, en las noches vuelvo a pensar el mundo
lo tomo por alguno de sus hilos, paseo su laberinto

Nada más atrayente que un poema
asomado en la puerta
enigma de letras milenarias

# MARÍA GABRIELA MADRID

Correo electrónico: mariagabriela.madrid@yahoo.com

MARÍA GABRIELA MADRID nació en Caracas-Venezuela. Estudió Educación en la Universidad Metropolitana de Caracas-Venezuela, Escritura Creativa e Inglés como segundo idioma en Harvard University, Boston University y Columbia University.

Madrid obtuvo un Diploma y Mención de Honor por su participación en el XVII Concurso de Poesía y Narrativa Nicomedes Santa Cruz 2008 del Instituto de Cultura Peruana, Florida, USA. El jurado fue Luis Ángel Casas, nominado Premio Nobel de Literatura. El alcalde de Florida Carlos Alvarez otorgó el premio.

El libro de cuentos de su autoría *Entre los surcos del recuerdo* forma parte de las clases avanzadas de español del colegio Saint Mary's Hall en San Antonio, Texas.

Desde el 2008, durante la época navideña, su cuento *Why?* sale al aire en el programa *Texas Matters* de National Public Radio (NPR) 89.1 FM.

En el 2010 Madrid participó en una videoconferencia con el Taller Junquiano en Caracas-Venezuela. El tema abordado fue "Chicanismo como movimiento político, cultural y social y la identidad chicana en el arte y la literatura".

En el 2010, María Gabriela Madrid recibió en Houston el premio Mujer Escritora del Año 2010-2011 otorgado por el representante de la alcaldesa de Houston Anisse Parker.

En el 2010 Madrid fue entrevistada por el programa *Desde San Antonio* de la cadena de televisión Univision.

Sus cuentos, poemas y artículos han formado parte de varias antologías y revistas en los Estados Unidos, Venezuela e Israel.

Maria Gabriela Madrid participó en la trigésima segunda (32) antología del Congreso Mundial de Poetas de la Academia Mundial de Arte y Cultura (WAAC) afiliada a la UNESCO, las Naciones Unidas de las Letras, Unión Hispanoamericana de los Escritores, Foro Internacional IFLAC para la Literatura y Cultura por la Paz, Asociación Israelí de Escritores en Lengua Castellana, Sociedad Argentina de Letras, Artes y Ciencias, Salač.

Madrid participó en español en las antologías *Poetas y Narradores 2008 y Poetas y Narradores 2009* del Instituto de Cultura Peruana, Miami-Fla.

Maria Gabriela Madrid participó en inglés en las antologías *Inkwell Echoes 2009-2010* e *Inkwell Echoes 2010-2011* de la Asociación de Poetas de San Antonio (SAPA).

Madrid participó en las antologías bilingües *Woman Voices / Voces de Mujeres* (2009) publicada por Our Lady of the Lake University (OLLU), *Un Escorzo Tropical / A Tropical Foreshortening* bajo el sello de La Caverna, escuela de escritura creativa en Florida, U.S.A. Actualmente en amazon.com.

Maria Gabriela Madrid participó como autora en la Convención Nacional de Periodistas Hispanos 2014 (NAHJ). Los libros de su autoría *La Danza de las Sombras* (español) y *The Poets'Web / La Telaraña del Poeta* (inglés y español) fueron aceptados para ser parte del carrusel de la Universidad de Texas en San Antonio en la Convención anual 2014 de Periodistas Hispanos (NAHJ).

Referente al libro *The Poets' Web / La Telaraña del Poeta*:

"Este poemario de alto valor lírico con seguridad será reconocido como una obra importante dentro de la literatura. Es evidente que se trata de la obra de una poeta experimentada y educada en los conceptos de la poesía latinoamericana contemporánea".

"La autora es uno de esos poetas que dejarán impronta en las letras hispanoamericanas y por tal recomiendo esta obra, que además de ser poéticamente muy lírica, está trabajada con un lenguaje cuidadoso y elevado".

"Hay en la poesía de María Gabriela Madrid posiciones filosóficas muy sutiles de la relación entre el hombre y Dios en la concepción ontológica y de protesta y dolor por las injusticias cometidas durante la historia de la humanidad. Las presenta con tal elegancia que es necesario dedicarles una meditación respetuosa". –Ernesto Kahan

Prof. Emeritus Dr. Ernesto Kahan (Premio Nobel de la Paz 1985). Profesor, poeta y médico. Es vicepresidente de IPPNW (Asociación galardonada con el Premio Nobel de la Paz 1985) y, entre muchas otras organizaciones, es Presidente Honorario de la Asociación Israelí de Escritores en Lengua Castellana (AIELC).

Referente a la poesía de María Gabriela Madrid:

"Su poesía expresa a menudo la idea del psiquiatra suizo C.G. Jung de los contrarios y trata de encontrar un equilibrio entre los opuestos. Su poesía expresa la alegría y la angustia inherente a la naturaleza humana. Madrid describe no sólo la belleza en las personas y la naturaleza, sino también la fealdad y traumas en el mundo".

"María Gabriela Madrid nos obliga a mirar a nuestros propios opuestos y encontrar nuestro propio equilibrio, y lo hace con lirismo, metáforas, imágenes animadas, y lenguaje figurativo".

"Su poesía es igualmente hermosa en Español e Inglés". –James Brandenburg.

James Brandenburg ha sido dos veces poeta laureado por la Asociación de Poesía de San Antonio, Texas. Ha trabajado 42 años en Educación, y es Terapeuta Certificado de Poesía, Consejero Mental. Analista de Sueños y Co-Fundador de la revista *Voices de la Luna, SA*.

Brandenburg es Profesor Adjunto en san Antonio College (SAC) y domina varios idiomas: inglés, alemán y español. Es Terapeuta Familiar y de Matrimonio. Por 15 años vivió en Alemania y España. Tiene dos libros publicados de poesía: *In Pursuit of the Butterfly* (1996), y *Somewhere Everywhere Ingendo Überall* (2003), con el que comparte autoría con el poeta alemán Hejo Müller. James Brandenburg ha recitado su poesía en varios estados de los Estados Unidos, y en varios países tales como: Puerto Rico, México, Francia, Alemania y España.

James Brandenburg, por segunda vez, ha sido invitado al prestigioso Centro de Entrenamiento y de Investigación de Psicología Profunda (basado en las enseñanzas de C. G. Jung y Marie-Louise Von Franz) en Bethanien-Suiza.

Referente a la narrativa de María Gabriela Madrid. En los libros *Entre los Surcos del Recuerdo* y *La Danza de las Sombras*:

"Los relatos de María Gabriela Madrid son representativos de lo que se ha dado en llamar bio-ficción (mezcla de ficción y biografía, no necesariamente sobre la vida personal de la autora), al encontrar, en la mayoría de los relatos, descripciones basadas en sutiles urdimbres que, sin descuidar el nivel literario, desembocan en sorpresivos finales que impactan y cautivan al lector. En estas historias narradas con economía de lenguaje que lindan con el minimalismo literario, la autora utiliza el humor y la ironía, en su acepción de distanciamiento. Se trata de ficciones entretejidas con trazos de la realidad cotidiana y la imaginación, marcando claramente la línea divisoria entre la realidad y la más pura ficción literaria en las que se desenvuelven los personajes que pueblan los relatos, dando como resultado un universo lúdico discursivo donde lo formal literario y la realidad expresada se entremezclan ofreciendo al lector un producto único en su originalidad creativa". –Los Editores.

"Para los poetas, como yo, sumergirse en el relato es un universo fascinante. Desde que comencé a leer a Chéjov, Poe, Horacio Quiroga, Maupassant, Onetti, y volví a releer a Borges con otra mirada indagatoria, me complace muchísimo leer este género literario, y encuentro en el libro de María Gabriela Madrid la aplicación de los secretos de los maestros, como señalé anteriormente, ella no adjetiva innecesariamente, no distrae al personaje con cosas secundarias. Ella escribe con claridad. No describe el mundo psíquico de los personajes, ellos se revelan por sí mismos con sus pensamientos y acciones". –Carmen Cristina Wolf (Poeta y ex presidente del Círculo de Escritores de Venezuela).

Madrid editó con la colaboración del poeta existencialista Pedro M. Madrid M (Q.E.P.D) los libros *Las Alas Perdidas* (Español, 2012) y *Arkontika* (Español, 2013). Ambos libros en amazon.com.

Madrid es co-antóloga, co-editora y traductora de la antología bilingüe *Un Escorzo Tropical/ A Tropical Foreshortening.*

María Gabriela Madrid es miembro vitalicio del Congreso Mundial de Poetas  bajo los auspicios de la Academia Mundial de Arte y Cultura (WAAC) aprobada por la UNESCO y registrada en los Estados Unidos de América.

En febrero del 2015 Madrid participará como Escritora Invitada de la Asociación Americana de Maestros de Español y Portugués (AATSP) en el  Educational and Cultural Arts Center, A&M  de San Antonio, Texas.

Madrid es Directora de *Voices de la Luna*, y gerente de la página de *Voices de la Luna* en Facebook:

https://www.facebook.com/pages/Voices-de-la-Luna-A-Quarterly-Poetry-Arts-Magazine/149904115043281?ref=hl

Madrid fue elegida Jefa de Precinto en las elecciones primarias del 2014 de los Estados Unidos de América. Jefa de Precinto (2014-2016). Madrid se convirtió en Oficial Adjunto (2014).

Maria Gabriela Madrid está casada, tiene una hija y reside en San Antonio, Texas.

# CABALLO NEGRO AZABACHE

Caballo negro azabache
la estrella blanca resaltaba en tu frente

Brotes de bríos apagados
siendo antes el artista altivo

Caballo de cine
películas de vaquero
John Wayne y Bonanza
marcan la época de tus recuerdos vivos

Pero hoy yacen escondidos en la arena
y son surcos el resultado del desespero
de tus manos como cascos levantando la tierra

Sólo lagunas vacías
Memorias olvidadas

Caballo negro azabache
crin fina que antes volaba al aire
No como los claros hoy de tu cabeza
cabello blanco
que anuncian lagunas vacías de recuerdos que jamás
regresarán a ti

Caballo viejo cansado
por siempre te seguiré amando

Tomado del libro The Poets' Web/La Telaraña del Poeta en
amazon.com

## PALOMA DE PAZ

Con desasosiego y repudio
veo guerras incendiando el planeta
veo cuervos rondando muerte y miseria.

Cuervos de corbata y almidón
vendiendo armas y añorando a Moloc.

Destruyendo vidas, dejando a su paso
cadáveres con sueños perdidos.

Países en disputa. Países ensangrentados.

Niños, mujeres y hombres
cargando fusiles, bombas y granadas
en vez de libros de sabias palabras.

Niños mujeres y hombres
de mirada hastiada, perdida, ausente
llevando muerte por montañas, calles y ensenadas.

Con desasosiego y repudio a la guerra
me uno a los que alzan su voz.

Alaridos de trueno clamando cese al fuego
alaridos al cielo clamando paz a los muertos
alaridos de tinta clamando retorno de días ingenuos.

Alaridos exigiendo un retorno a la vida
flores en el campo en vez de minas.

Guerreros de paz. Gargantas quemadas
a través de la tinta, a través del papel

con sabiduría y esperanza
serán los cuervos los que cambien su plumaje

y aboquen en vez de guerra por la paz extraviada.

Plumas negras por plumas blancas
Paloma de paz. Esperanza de vida.

Tomado de la trigésima segunda (32) Antología Congreso
Mundial de Poetas. Academia Mundial de Arte y Cultura afiliada
a la UNESCO, Unión Hispanoamericana de Escritores,
Asociación Israelí de Escritores en Lengua Castellana, Naciones
Unidas de las Letras, IFLAC (Foro Internacional por La
Literatura y Cultura de Paz), Sociedad Argentina de Letras, Artes
y Ciencias (SALAC) Institución Manuel Leyva A.C. and SIPEA.
Sociedad Internacional de Poetas, Escritores y Artistas A.C.
Editorial Brasego.

## LA DAMA DEL VELO NEGRO

Una misteriosa invitación
llegó por correo
Invitándome a un baile
pidiéndome que vistiera un traje negro
y firmada por  la dama del velo negro.

Al día siguiente
inquieta pensé
qué vestido usar
y quién estará presente
si no conozco aún a la dama del velo negro.

La noche llegó
y la luna llena alumbró mi camino
dentro del salón
solo rostros conocidos

para mi sorpresa
todos habían fallecido.

Inquieta pregunté ¿qué hago yo con ellos?
y de pronto recordé la noche anterior
cuando estaba probándome el vestido negro

ruidos más fuertes que el trueno
sacudieron los cimientos
caí al suelo y golpeé mi cerebro.

Pero poco sabía yo

que ese día había muerto

y ahora ya muerta
todo el tiempo bailo
y converso con la dama del velo negro
cuyas nuevas invitaciones yacen en el correo.

Tomado del libro *The Poets'Web/La Telaraña del Poeta* en
amazon.com.

# NORKA ARMAND

NORKA ARMAND nació en Valera, estado Trujillo, 1947. Ha realizado cursos y talleres de literatura en Venezuela, México y Estados Unidos. En 1986 Norka Armand y Martha Colmenares editaron el libro "La Otra Piel, Sindrome del Diálogo" (Marnor Editores). Norka Armand ha realizado cursos de pinturas, dibujo, orfebrería, vidrio utilitario y martillado sobre metales con reconocidos maestros venezolanos.

Presentó sus piezas en la colección de carteras con vidrios, collares, bijoux, pieles y texturas de Oscar Carvallo y tiendas Biglidue (1999-2001); mostró sus collares étnicos en la exposición de "La Tierra" de Alicia Armand (Centro Cultural Corp Group, 2003), y participó en el III Salón Nacional de Artes del Fuego donde obtuvo el Premio Universidad José Antonio Páez en la especialidad de Orfebrería con su obra "Tesoro en el Tepuy", 2003. Norka Armand participó con su colección "Serie Integración" en el Citibank FSB Brickell Financial Center, Miami (Diciembre 2005-Enero 2006). Las colecciones de Norka Armand han formado parte de varias exposiciones: Primer Encuentro de Orfebres en la Sala TAC, 2004, Exposición 105 Anillos, Sala TAC, 2006, Exposición Medallas y Talismanes, 2006, Exposición Segundo Salón Nacional de Orfebrería 2006, VII Bienal Nacional de Artes Plásticas, 2007 y en la Exposición 150 Colgantes Sala TAC, 2008 Trasnocho Cultural, Caracas-Venezuela.

## ME CONSTRUÍ UNA TRAMPA DE SUEÑOS PARA ATRAPAR LAS PESADILLAS

Me construí una trampa de sueños para atrapar las
pesadillas
Soy el ánfora donde se deposita el germen de la vida,
los ungüentos, las esencias, el incienso y
las cenizas de los once muertos.
Allí están, las cenizas, el mar, las estrellas, mis
historias y la vida misma vertiendo el agua en la
Boca del Pez Austral que me nutre.
Entonces surge la poesía y: "MAMI, TE VOY A
ENSEÑAR COMO SE PINTA UN BARCO CON
TODO EL MAR".
Desgarros, me llegan hondo. Si pudieras hablarme.
Lenguaje cayó sonando
Movimiento sonando
Lenguaje que no se nombra, ¿Cómo puedo?
Puedo saltando, chispeando conchas marinas, ecos
economías
Ausencias que resbalan y miran al muerto.
Lloro y me desahogo.
Veo entre las matas, a los matos grises crujiendo y el
calor los abraza.
En Fandeo, La hacienda, donde las matas de caña se
achicharran
Y los ojos de vacas pasan el pasto para luego
convertirlo
En ¡LECHE PASTEURIZADA!
Y tú con el centímetro para medir las exageraciones y

Plancton muriendo once veces
Once.
Porque once son las estrellas fugaces.

## ACUÁRIDA

Acuárida
Una distancia adentro
Soy una Acuárida que mira la Acuarela
Miro a través de las hojas el cielo
Miro a través de la hoja a Plancton
Y cómo le cuela la sangre entre las piedras del muro
Soy una Acuárida que hace dieta a base de salvado de
trigo
No puedo llorar, mi acuario está seco.
La ardentía que se forma en la Rada,
La Rada del Mar
Son las lágrimas de Plancton que brillan en mis
noches
cuando dormir se me ha negado.
Cierro las puertas de mi Cuerpo Astral
Cierro las puertas de mi Aura
Cierro las puertas de mi Casa
Y me perdono a mí misma
Y aunque sé que en el plano espiritual no existe el
perdón, perdono
pues de esta manera transformo la idea de todo aquel
que quiera hacerme mal
y así me quedo convencida de que sólo son recuerdos.
Mi mente no puede desplazarse, alarmas de rayos
laser detienen mis pensamientos
Me encuentro en una caja de cristal petrificada
Recuerdos, recuerdos muertos en un pasado sin
tiempo. El tiempo es hoy, ahoritica, ya.

## EL MUNDO DESAPARECE Y SE DETIENE TODO LO CONOCIDO

El mundo desaparece y se detiene todo lo conocido
Plancton ametrallado por la DISIP
No quería MORIR, pero Plancton está muerto, y tiene que explicar su brillo de luciérnaga
Su cadáver se ha impregnado de minúsculas partículas de la luna de los espejos
Y POR ESO BRILLA E ILUMINA TODAS LAS CASAS
Su cadáver se mueve buscando un cuerpo donde quepa con todo y brillo
Los fragmentos del vidrio de los espejos lo cubren
Y es ya una gran farola que ilumina al mundo y se desplaza
Y cada vez es más difícil por su cadáver de vidriero encontrar un cuerpo donde quepa su lámpara
Plancton proyecta su luz en nuevas Galaxias. Gira en el Cosmos buscando, buscando
Aterriza con un aterrizaje forzoso en el milenario Egipto
El cadáver busca allí sus raíces
Entra en el cuarto de un hotel y recoge la alfombra que tiene en el centro un círculo
La sacude con toda su fuerza y del círculo saltan jeroglíficos
EL CADÁVER SE CANSA, DEAMBULA Y DUERME
El cadáver pide que no lo despierten
Un hombre de ningún lado grita

¡Nada va a cambiar su mundo!
EL CADÁVER NO TIENE PUNTO DE VISTA
Plancton sólo quiere dormir
¡Que no lo despierten!

# ROSA FRANCISCA BEOTEGUI

ROSA FRANCISCA BEOTEGUI nació en 1956 en Valencia, Venezuela. Poeta y arquitecta graduada en la Universidad de los Andes-Mérida. Rosa Francisca Beotegui es también paisajista y docente. Sus poemas han sido publicados en diversas revistas como "Imagen", "Poesía", "Suplemento Literario de El Nacional" y en antologías: "70 Poetas Venezolanos en Solidaridad con Palestina, Iraq y Líbano" y "El Corazón de Venezuela, Patria y Poesía".

## (SIN TÍTULO)

Traen el ahogado
Ya se acercan para verle su otro color
Esa corona de ojos
Tendrá la imagen de un ahogado
Como de alguien que dibuja en la arena
Un inocente juego de soledad


Playa el Agua, Isla de Margarita 1980.

*"A Cristina Falcón y al pajarito de su poema en Cuenca"*

## (SIN TÍTULO)

Un pajarito
Atraviesa mi noche
Cruza el brocal donde hoy camino
Cruza la calle y se devuelve
Su caminar es de ratón
y muñeco de cuerda a la vez
Su cercanía casi un ataque
Su grito una herida

¿Pero qué me dice?
¿Me pregunta de la muerte?
¿Hijos que no existen más?
¿Acaso es la vida?
¿Me dice de la vida?
(¿Una explosión de paz que se aproxima?)
¿Por qué no entiendo?


Vero Beach, 8 de Mayo del 2009.

## LA MEDALLA

La moneda relumbró en su mano. Su relumbre opaco, su relumbre de lata de sardinas, su brillo barato y con levedad de palabra mal escrita o mal entendida o mal asumida y sin embargo, mamá calibró su peso elevándola al aire con el cuidado de quién acuna un astro frágil y no lo deja caer. No más de cinco centímetros de vuelo vertical, la distancia justa para la moneda dar una sola vuelta en el aire y volver a la seguridad de la mano de mi madre en la penumbra. Sin remordimientos pienso en la gallina de la vía rápida, que pretende cuidar los pollitos, con la compostura del suicida. Los pollitos la rodean seguros, encontrando migajas que comer en el hombrillo. Así mi madre, entre risa y risa hasta muerde un poco la moneda, la arroja al piso con cuidado de no perderla en un accidente de libre albedrío y dice: Sabe a plata. Sin dudas es un coleccionable dice, la recoge y se la planta en el pecho como una flor, como una medalla.

Pienso: ¿Por qué tanto aspaviento? Si es una simple moneda con la cara del padre de la patria... Hasta tiene un error ortográfico en la leyenda. Mi abuelo pasó arrastrando sus pies y dijo: A eso lo llaman plata toledana en España, que es como el oro bajo pero en plata y se fue.

# CARLOS ARMANDO FIGUEREDO PLANCHART

CARLOS ARMANDO FIGUEREDO PLANCHART nació en 1936 en Caracas-Venezuela.

Desde niño se ha dedicado al estudio de la poesía española, francesa, inglesa y alemana.

Obtuvo en Suiza el Bachillerato Francés. Es abogado y doctor en Ciencias de la Universidad Central de Venezuela, en la que ha sido profesor de derecho Penal y de derechos humanos.

Carlos Armando Figueredo Planchart ha escrito cientos de artículos para el periódico venezolano "El Universal" y para la revista "Venezuela Analítica" del internet. Tradujo al francés los poemas de Luis Alberto Machado "Canto al hombre" y de Carmen Cristina Wolf "Canto a la mujer." Mucho de sus poemas han sido incluidos en un poemario titulado "En búsqueda del Tiempo Encontrado".

**1)**

Me iniciaste en el camino.
Y me hinqué ante la piedra
en la colina y las plantas
y el jugo sació mi sed.

Me hiciste celebrar
la blancura
de ovejas y palomas
y el fuego
y el agua
y la tierra.

Me abriste
el amor
de estrellas
y galaxias.

Me enseñaste
a venerar
la humana criatura.
Me hiciste capitán
de un ejército
de sabiduría,
para postrarme
ante el verbo
de Dios.

**2)**

Siempre estuviste allí,
como un instante de revelación
y al fin te hallé
con toda la energía encontrada
en un punto del universo
que nos lanza
hacia una dimensión de eternidad.

**3)**

No oyes
si no oyes el sonido
de la luz del sol.

¿Qué sienten tus manos
si ignoran el aroma
De las caricias?

No ven tus ojos
Si no perciben
el color
de la música.

Con los ojos cerrados
recorre la noche.
el aire de los poros de tu cuerpo
la llena de luz.

# ISABEL CECILIA GONZÁLES MOLINA

ISABEL CECILIA GONZÁLES MOLINA estudió Literatura en la Universidad Católica Andrés Bello. Mención Ciencias y Periodismo. Obtuvo el Master en Filosofía de Artes Hispánicas en Florida Atlantic University. Isabel Cecilia Gonzáles Molina domina varios idiomas. Obtuvo el certificado de Inglés en la Universidad de Cambridge y el certificado de Francés en la Universidad "Université de Nancy II." Sus trabajos publicados incluyen novelas y poemarios: Novela "Trance," Arete editores, UCV. Novela: "Campos de Neblina," Ediplus. Poemario: "Bañada de azúl", Casa de la Cultura de Miami Beach. Poemas en "Poetas y narradores," Instituto de Cultura Peruana, U.S.A. Por varios años trabajó como Directora de Asuntos Internacionales del Círculo de Escritores de Venezuela.

# (SIN TÍTULO)

Por mí no pasaríamos de la fogata, de los cuentos y de las danzas.

Yo no cambiaría nada, ni siquiera el final de nuestra historia.

Ya tú lo debes haber hecho, inventarte algún artificio para cambiar el desenlace. Estarás ingeniándotela para desaparecerme, se te ocurrirán mil maneras de asesinarme. No, no con pistola ni matones, aún más cruel, asesinarme en la memoria.

Me amaste con la brevedad de los visitantes, en tu cama ya no me sueñas, en la realidad me espantas, y sin embargo, queda.

No se borra, jamás se borra.

Nos hemos reconocido.

**(SIN TÍTULO)**

Soy aquellos niños en un salón de clases repleto de muebles pequeños, de murales coloreados. Soy una tarde debajo de una mata de mango, mis hermanos jugando a la guerra, la entereza de mi madre, el ataúd de mi padre. Soy un noviecito nervioso que me entrega sus primeros poemas, una cesta de croissants para el desayuno, una hacienda de tomates, una adolescencia en tránsito. Soy el andén de una estación de tren por el que pululan los gitanos mientras espero que me vengan a buscar y no vienen. Soy las risas compartidas, las copas de vino mezcladas con la conversación, la escritura inalienable, hasta el nefasto cigarrillo.

La esencia de quien soy, se reduce a tan breve comentario.

## (SIN TÍTULO)

La imaginación y el deseo bastaban para recorrer el mundo, ahora un miedo, lo que llamamos precaución va lentamente gobernando la existencia. Si llega a dominarme por entero no abandonaré este sillón.

Tengo que hacer algo, urgente, necesito saltar las barreras, correr por la calle, seguir gritando, reírme de mí misma.

Amor mío, vuelve, regresa y recuérdame que las almas tienen que estar despiertas, que las ilusiones se crean de la nada, que los segundos no estorban.

# ASTRID LANDER

ASTRID LANDER nació en Caracas, diciembre 1962. Licenciada en Letras por la Universidad Central de Venezuela. Poemarios: La Distancia por Dentro, Premio Ramón Palomares, 1994. AzuL e j o s Premio Lucila Palacios, 1997. *SE ES* Poemas Novelados, *Buen Camino, hacia el Camino de Santiago* (Próxima edición con traducción al gallego por el poeta Francisco Fernández Naval) Antóloga de la *Antología de Versos de Poetisas Venezolanas*. Ha sido publicada en varias antologías: *La Maja Desnuda*, Antología del Círculo de Escritores de Venezuela, Mujer y Poesía, Escritoras Venezolanas ante la Crítica. *En-Obra*, Antología de la poesía venezolana 1983-2008, *Antología 5to Festival Mundial de Poesía de Venezuela 2008. Peregrinas por el Camino de Santiago*, *Antología XIV Encuentro Internacional de Poetas.*

Actualmente Astrid Lander está trabajando en la Antología poética de versos de mujeres de Puerto Rico, México y Costa Rica. Astrid Lander es presidente de ONG, organización dedicada a la promoción del trabajo literario de escritores venezolanos en el exterior.

## RONCESVALLES/ORREAGA

En los pueblos siempre es domingo por la mañana.
Busco a su gente acallada
como si siempre fuese hora de siesta.
Hasta en los balcones de verjas
no se ven las diseñadas rejas
ocultas por flores acampanadas.
Estos pueblos son dos nombres
tejas de nieve
puertas y ventanas de madera pintada
bisagras a la vista
diseño de establo.
Espero que en vez de una persona
se asome un caballo.


Tomado del poemario *Buen Camino. Hacia el Camino de Santiago*, Areté Editora. Caracas, 2008.

## LA MIGAJAS SON EL SEÑUELO

Las migajas son el señuelo,
saber en qué casa el hogar.
El pájaro azul es el mismo amarillo.
Comienzo la luciérnaga
a la seda final del oruga.
Crezco cuando te cuento de mí.

Tomado del poemario *AzuL e j o s*. Primer Premio de Poesía
Lucila Palacios 1997.

## ESFERAS ÓRFICAS

El pájaro descansa en la penúltima rama,
no la última,
ésa se pospone
para la ilusión,
la fortuna del futuro.
El pájaro repite:
con fe viví, con fe viví.
Aviva como un himno
rejuvenece a batientes
auscultaciones de mayo.
Giros de luz
rebotan cual bumerán
imanados
tal diosa de mil manos.
¿Y si no vuelve?
Millonésimas veces
he creído
para reaparecer
su vuelta.

# PEDRO M. MADRID. M.

PEDRO M. MADRID M. Nació y murió en Caracas-Venezuela (19 de Junio de 1958-15 de Octubre del 2013) Fue filósofo y poeta. Se graduó cum laude en Filosofía en la Universidad Católica Andrés Bello en Caracas-Venezuela. Llegó a dominar varios idiomas: Español, inglés, portugués y mandarín. Ocupó cargos diplomáticos en Brasil y China. Un amante de los deportes extremos Pedro M. Madrid M. como ciclista realizó varias giras siendo las más significativas el sistema montañoso de la ronda franco-española de los Pirineos y el viaje en las carreteras de asfalto y tierra desde Caracas a Santa Fé de Bogotá. Como escalador admiró la inmensidad y el misterio de las montañas andinas y conquistó varias veces el pico Bolívar. Como no existían las distancias en Venezuela como nadador nadó del islote "Cayo Sombrero" al islote de enfrente solamente iluminado por los rayos de la puesta del sol. Practicó buceo en mar abierto. Pedro M. Madrid M. vivió intensamente y la angustia de un mundo desigual lo llevó a cuestionar y buscar respuestas a lo que lo rodeó, lo que vio y no vio. Pedro M. Madrid M. poeta existencialista, expresó sus preocupaciones y observaciones en los pensamientos y poemas en sus libros "Las Alas Perdidas" y "Arkontika". (Ambos libros en amazon.com).

El filósofo y escritor José Díaz Díaz expresó lo siguiente:

*Las Alas Perdidas* es el título del libro que junto con *Arkontika*, su segundo libro de poemas, constituyen la herencia que el poeta lega a la humanidad (Amazon, 2012 y

2013). Son poemarios supremos, que ameritan pronta divulgación, amén de estudios académicos que desglosen y popularicen su densa substancia poética y filosófica. Por ahora, adelantemos que *Las Alas Perdidas* está conformada por una explosión de imágenes conceptuales y sensoriales fragmentadas tal como unos fuegos pirotécnicos inundan el universo; por una orgia de lenguaje que dibuja el sin sentido y absurdo de nuestro tiempo, de parábolas y parodias unas veces espeluznantes y terroríficas y otras veces dulces y conmovedoras. No obstante, la unidad de sentido del libro es homogéneo y centrado en la inquietud fundamental de Pedro, que deviene en desgarramiento trascendental, en disonante tortura de una existencia sin sentido, en pesimismo abismal, en aceptación catártica de una caída vertical del hombre contemporáneo.

En la futilidad, la nadería y los falsos valores característicos de la conciencia de nosotros los ciudadanos posmodernos, se encuentra empotrado el pensamiento y el lenguaje figurativo de las imágenes terribles y ciertas de los versos del autor venezolano. Como dijera George Orwell: "Si el pensamiento corrompe el lenguaje, el lenguaje también puede corromper el pensamiento". Y en ese sentido, la semántica del texto de Madrid es una confirmación de esa sentencia: el lenguaje se retuerce, se evade; parece cercano, unas veces y otras, lejano; contundente y realista, ahora; fantasioso e irreal, enseguida. Pareciera que el pensamiento deviene en guadaña justiciera y el lenguaje en ejecutor del acto catártico de purificar por el arte de la aniquilación. De este desastre nada ni nadie se salvan. No dudo en afirmar que si el conocido poema épico: Aullido del poeta estadounidense Allen Ginsberg denuncia la pérdida de toda una generación de la segunda posguerra, el poema de Madrid denuncia la pérdida de toda la humanidad en todos los tiempos de su historia."

José Díaz Díaz, filósofo y escritor.

Director de La Caverna, escuela de escritura creativa en Florida, U.S.A.

## II

Desgarramiento: Aquí nace la obra revelando el origen...

Mundo de contrastes donde los sueños-obelisco
Irrumpen desde ondas de luz
Y la tempestad del deambular
Pinta soles a medianoche.

Desgarramiento: Aquí padezco sed ó hambre y ríe el arlequín...

Mundo de contrastes donde la ebriedad
Es claustro para la meditación
Y el alimento es la oscuridad.

Desgarramiento: Aquí vinculo la vanguardia con el receso interno de la soledad...

Mundo de contrastes donde el silencio entorna las islas-paraíso
Y el acto ornamental sostiene las palabras.

Desgarramiento: Aquí ando la calzada de la colmena minado del ser-reloj...

Mundo de contrastes donde el evento presente proyecta el futuro
Y el martillo clava la idea en el ensoñar que abre la madrugada.

Desgarramiento: Aquí escucho al que predica
crucificando el Alfa…

Mundo de contrastes donde la apetencia y la crueldad
Lanzan alfileres al sol.

Desgarramiento: Aquí deshilo el sin sentido…

Mundo de contrastes donde quieren agotar la paradoja
En el sacrificio de tienda sombría.

Y abordo la nave abrazado por la que prepara la
despedida…

Y la memoria quiere recolectar el instante
Borrando la mala época
Y vivir del buen recuerdo
Que le acompaña perro fiel.

El recuerdo: Habitante sin suelo…

Conserva la emoción de la infancia
Empapelada en terciopelo púrpura
Mojado y lúbrico.

El recuerdo: Origen pintado fiero y fluido…

Baña en oro el desinterés
Llevando con voz atonal a escuchar el silencio.

El recuerdo: Desierto traverso de nada…

Gigante alado y trinidad de tres ojos
Despuntando estridente en la nube de pájaros.

El recuerdo: Marmita masiva de estrellas.

Bóveda del cielo embadurnado de éxito
Anzuelos de la raza caníbal demasiado evidentes.

El recuerdo: Carnada para el espectáculo vacío...

Muerde el pez
Y vomita el antro cultural

El recuerdo: Germina abotonado en el pecho...

Y la bóveda no sigue cayendo
Mas bajo mas bajo

Y esconde arado en el valle del manantial de cristales
El pensamiento hondo desnudo.

Y esconde arado en el valle del manantial de cristales
La ceniza del delirio del instante.

Y esconde arado en el valle del manantial de cristales
El tiempo del remanso o del viento abyecto.

Y esconde arado en el valle del manantial de cristales
El devorador de frutos sociales.

Y esconde arado en el valle del manantial de cristales

El inframundo con sonrisa en los labios.

Y esconde arado en el valle del manantial de cristales
La estación que abre los portales.

Y esconde arado en el valle del manantial de cristales
El gendarme del orden que ata a la roca.

Y esconde arado en el valle del manantial de cristales
El inaugurador de la balacera.

Y esconde arado en el valle del manantial de cristales
El secreto del espejo.

Y esconde arado en el valle del manantial de cristales
El bufón arriesgando la temporalidad.

Pues la historia del Simio que ríe
Es la que sustenta el principio de identidad
Y es el soberano principio que edita y proclama
La ensoñación de multifuerza metafísica.

Pues la historia del gusano de seda
Es la que circunvoluciona el cerebro
Dotándole de mirada extática al cielo
Y es el soberano principio que adula la úlcera en la
garganta del poeta.

Pues la historia del pensador diletante
Es la que ramifica en finas terminaciones sensibles y
nerviosas

Y es el soberano principio del brebaje psicótico
Que provoca la guerra y relaja en el sexo
Calculando todo fríamente.

Tomado del libro *Las* Alas Perdidas
Alocución II. Por Pedro M. Madrid. M.
En amazon.com

## POEMA 27

Haz el amor en los lagos,
Olvidado de los peces
O de las aves acuáticas.

Sube a la montaña desierta del silencio
Y contempla testigo,
El suave movimiento en derredor
Del viento.

Haz dulce y suave la pasión de
Una explosión maravillosa al sabor
De la sonrisa dormida en
Lo alto del fuego.

Haz la gesticulación amable
Tierna, sencilla, natural del
Sentido de la piel al escurrirse.

Haz que las canciones te ayuden a
Levantar el oleaje en la calma y
Griten las guacamayas sobre
La arena blanca sus
Pasiones secas o intensas.
Haz que el beso lo selle todo y
Que el abrazo sea un paraíso.

Mas, únete a los trágicos del coro
De los amores imposibles, ríete
De la suerte si

No tienes nada que perder, derrama
Tus lágrimas al marcharte lejos, asume
El recuerdo como un juego
De la conciencia deviniendo, comienza
De nuevo, piérdete y no vuelvas, encuentra
El lugar del fuego, recuerda
Las caricias del manto de la oscuridad, y
Las presencias iluminadas por la desnudez en tus ojos
y
El sueño que pasó a un lado,
Llevándose tu aliento.


Tomado del libro *Arkontika*
Por Pedro M. Madrid M.
En Amazon.com

## POEMA 5

Solo olvidé
Lo que todo el mundo conocía.

Solo perdí
Lo que todo el mundo quiso conservar.

Solo retornó
Lo que aprecié y arrojé lejos.

Solo recordé
Lo que llevaba de mí mismo.

Así, el viento escuchó al viento,
Y aquí o en ninguna parte,
La sombra pasó sin despertarme del sueño.

Hay un milenio repartido entre las hambres.

Tomado del libro *Arkontika*
Por Pedro M. Madrid M.
En amazon.com

## XXXIII

TRISTEZA

Aún en esta extinción nos rapta la lujuria y nos baila
la ira;
Y en esta inmensidad nos ciega la ilusión y la mente
nos deviene enredadera.

Aún camuflageando verdades engañosas con canción
de guerrero
Callo abriendo el sentido que extingue la ilusión de
paz;
Callo extinguiendo el buscar de la paz y ésta llega sin
noticia.

Tras la gran mentira cada quien vivía

¿Vivía? …

Tomado del libro *Las Alas Perdidas*
Alocución XXXIII.
Por Pedro M. Madrid M.
En amazon.com

# EDICTA OPORTO DE GARCÍA

EDICTA OPORTO DE GARCÍA nació el 16 de Septiembre de 1929 en Cabimas, estado Zulia, Venezuela y murió el 26 de Octubre del 2011 a los 82 años de edad en Venezuela. Su padre, el pintor Pedro Oporto, siendo el "Pintor de Cabimas" motivó a Edicta Oporto de García a incursionar y desarrollar la técnica del carboncillo, y la técnica del óleo. Obtiene una beca de la Academia Interamericana de la Habana, Cuba. Edicta Oporto de García compuso canciones que participaron en festivales zulianos y rindió homenaje a Cabimas con una Hermosa gaita tradicional grabada en el año 1998. Edicta Oporto de García presidió la "Fundación para las Artes Pedro Oporto".

## EL BRILLANTE

Nació y el relámpago
Del catatumbo
Iluminó el momento
De la llegada
Era el héroe...
El calor del sol
Y la fuerza
De las olas del lago azul
Se apoderaron de su ser...
Le esperaban momentos de luchas
Por la tierra Buena
Que le vio nacer
Imponente figura
Íntegro y cabal
Un solo ideal
Pelear por la patria
Morir o ganar...
En muchas batallas
El fue combatiente
Y llegaron muchos
Para darle el frente
El héroe tenía
Ese don de gente
Y grandes guerreros
Lo tenían presente...
La patria venera
Al gran luchador
Nacido en el Zulia
Y es un gran honor...

Su excelsa figura
De hombre importante
Por eso Bolívar le llamó
El Brillante


(Dedicado al político, militar, General Prócer de la
Independencia de Venezuela Rafael Urdaneta).

# REALIDAD DE LA VIDA

Por un camino solitario y yerto
Me guían mis pasos
No sé a qué lugar
Quizás algún día
Caminando tanto
Pueda mi cuerpo
Al fin descansar…
Yo escribí mi historia
Y del todo real
La historia de todos
Es un libro ideal
Y los tropezones
Que damos en la vida
son como las piedras que van rodando
Es la vida misma
Que no la comprendo
No sé qué misterio
Hay que descifrar
Pues nuestra materia
Tan joven y hermosa
Tenga su final…
Y no es que me sienta
Triste y descontenta
Y no es que pretenda
Con esto cambiar
Solo que en ratos como éstos
Quisiera llorar…

Veis esa osamenta
Qué macabra está
No te de vergüenza
Es la realidad.

# DORMIDA EN EL SILENCIO

Dormida en el silencio
Dormida estoy
En el silencio eterno
Pero cuánta paz siento
Al reposar mi cuerpo…
Las luces no se alumbran
Solo una luz divina
En la penumbra
¿Será esto el paraíso?
Ya nadie me contesta
Porque están como yo
Esperando la respuesta…
Mientras tanto
Los otros siguen
En el escenario
De la vida
Disfrutando de la fiesta…

# GAVRIEL PERETZ

GAVRIEL PERETZ nació en Caracas-Venezuela en 1973 y fue educado en los Estados Unidos. Cursó estudios universitarios en la Universidad de Georgetown en Washington, D.C. Después de vivir varios años en Israel, ahora está radicado en Londres con su esposa y dos hijas.

## KIPPUR

Escuchar el clarín de las trompetas o
el despertar de los fantasmas es un destino asombroso.
Los mandamientos son pronunciados en una voz tan
antigua como el desierto y amortiguados por una brisa
seca.
El chivo expiatorio es liberado en el agreste, con un
lazo rojo que revolotea en el calor,
Para desaparecer sin rastro. Para el Señor.
Nuestros pecados yacen en un cuenco y se mezclan
con lamentos.
Se escuchan las voces de antepasados olvidados una
vez más.
Y entonces el Señor respondió a Moisés, los perdono
como tú me lo has pedido.

## SEFARAD

La memoria de viñedos y sitios santos quema como el
sol
sobre la meseta castellana.
Toledo. Sevilla. Lucena.
Y el Señor le dijo al adversario: ¿De dónde vienen?
Vienen del palacio y el monasterio, del castillo y la
choza,
Una reina Católica y su confesor
A imponer una servidumbre cruel y a pronunciar su
decreto funesto.
Entonces dejamos las puertas vacías y las
contrapuertas sin candado, echados de Tarshish, lejos
de los naranjos florecientes y fragrantes,
lejos del Guadalquivir, donde alguna vez vieron el
Leviatán
nadar por sus cauces para anunciar la llegada de un
Mesías que no vino,
no ha venido y
no vendría.

## SHEMÁ

La historia consiste de palabras simples, ensartadas
como clavos sobre un tablón.
Pero
Hay un mandamiento poderoso y bendito
Que hay Uno solo
Que no hay otro
Que alumbró al mundo en los días de
La Alianza, en los días de cabreros y en el tiempo de
visiones en el desierto.
¿Lo escuchamos aún?
¿Deberíamos?

# MARY RODRÍGUEZ HERRERA

MARY RODRÍGUEZ HERRERA nació en Mérida, Venezuela. Se graduó de Abogado en la Universidad de Carabobo en 1973. Realizó estudios de música en el Conservatorio de Música del Estado Aragua (1968-1973). Como recopilación de sus actividades en la abogacía publicó "Diversos Temas y Jurisprudencia laboral" (1998). En 1996 obtuvo la Licenciatura en Letras en la Universidad Central de Venezuela. Es miembro del Círculo de Escritores de Venezuela, y tuvo a su cargo la columna "Buzón de Libros." en la revista Equinoccio del Círculo de Escritores de Venezuela, dedicada a la crítica literaria (1993-1997) por la cual obtuvo la medalla al Mérito Institucional (1997). En 1998 publicó "La obra Poética de Marco Ramírez Murzi". En el 2008 publicó su primer poemario, "Poemas Guardados".

## VIAJEROS

Lo que mejor hicimos fue viajar,
tal vez por ese no hacer nada,
simplemente mirar un sitio nuevo,
la curiosidad del viajero, de tránsito…
así, sin quedarse nunca,
siempre viniéndonos.
Tendría que deambular por esos sitios
sintiendo que vas conmigo
y reaprender la compañía…
Es tan fácil la soledad…
que ya me he acostumbrado a mi silencio
a mis diálogos internos,
después de todo, ¡tú no me comprendías!
Ese dejar de ser yo para acompañarte
como un reflejo tuyo
ya no podría ser,
solo si fuéramos de viaje
caminaríamos un rato, por ahí…

# EL ÚLTIMO AMANTE

Te he llamado así:
el último amante…
confundido en mis recuerdos
escondido en los encuentros…
y solamente fuimos eso
amantes…
Nunca pude conciliar
que compartiéndote
pudiera también amarte
y reprimía todo sentimiento;
simplemente lo importante
era el encuentro
y tenernos cuerpo a cuerpo
enteramente y sin reservas…

## EL REGRESO

A veces se quedan las cosas
cada vez que te vas…
Tus signos en cambio
son diferentes…
Algunos se quedan
otros te los llevas.
Los libros perduran
los versos leídos
tu olor a lavanda,
también está impregnando
los espejos y paredes.
Se queda la nostalgia,
el anhelo,
y la dicha. No se ven.
Lo mejor del viaje
es tu regreso.

# LIDIA SALAS

LIDIA SALAS nació en 1948 en Barranquilla-Colombia. Ha vivido desde hace 40 años en Venezuela. Poeta, crítico, ensayista. Magíster en Literatura de la Universidad Central de Venezuela. Ha recibido los siguientes galardones: Mención especial del Premio Municipal de Poesía "Antonio Arraíz" (Barquisimeto, 2002) Mención de Honor de la I Bienal Literaria Ateneo "Casa de Aguas." Premio Único Mención Poesía del VII Concurso Nacional del IPASME.

Obra Poética: *Arañando el silencio* (1984); *Antología Quaterni Deni* (1992); *Mambo Café* (1994); *Venturosa* (1995); *Luna de Tarot* (2000); *Sedas de Otoño* (2006); *Itinerario Fugaz* (2008).

## CANCIÓN DE CIUDAD

Hoy
he llegado
a la ciudad diecinueve
de mi itinerario.
Aquí también el cielo gris
está cruzado de alambres y palomas.
De repente,
todo me parece conocido
los parques, las calles y la gente.
He descubierto todo de segunda mano
y no sé si la ciudad aquella
se espeja en mi pupila
porque todos los clisés de mi memoria
han grabado su imagen
o porque el mundo a fin de cuentas
tiene la misma calle
en todas partes

**AIRE**

Vuelvo de ti humedecida

de latidos llena.

Me ciñen desde adentro

todavía

las gotas de tu cuerpo.

En tu mirada huérfana reposa

el aire de mi boca.

# VENGO DESDE UNA TRISTE DESPEDIDA

Vengo desde los desolados ojos
de mi madre.
desde un antiguo árbol de ciruelo
donde sentada a horcajadas
veía morir la tarde.

Lacerada de olvido
navego por dársenas ajenas.
Extrañada en este oficio de ser sola
susurro una balada entre las sedas
del silencio. En mis espaldas
sólo la sombra de la muerte.

Entre mi noche y el faro
de luz incandescente, el anhelo de asir
el fulgor de la alborada
en la isla del poema.

# MAGALY SALAZAR SANABRIA

MAGALY SALAZAR SANABRIA nació en La Asunción, Isla de Margarita, Venezuela. Es Licenciada en Letras de la Universidad Central de Venezuela, Magíster en Literatura Hispanoamericana de la Universidad Pedagógica Experimental Libertador. Realizó estudios de Doctorado en Filosofía y Ciencias de la Educación, Universidad de Barcelona, España. Es Poeta y profesora universitaria. Actualmente cursa Doctorado en Cultura y Arte: América Latina y el Caribe y es Directora de Relaciones Institucionales del Círculo de Escritores de Venezuela.

Obras publicadas: *No Apto para los Ritos de la Sacralización, Ardentía, La Casa del Vigía*, Mención de Honor Fondene *Bajío de Sal, Levar Fuegos y Sietes, Cuerpos de Resistencia* y *Caudalía*. Es Co-autora: *Lo Visible, lo decible, Quaterni Deni*.

## ARDENTÍA

Llámame
con aquello de andar por lo alto.
Llámame
con eso de jadear dentro
y me devolveré
con mis fotografías
que no caben en la muerte.

Llámame con mis amores y heridas.
Cítame sobre el mar
y será de noche
cuando alumbre el cardumen
y te contaré de la ardentía,
lo que ella sabe de mí.

Tomado del libro: *Ardentía* (1992) Barcelona, Venezuela: Fondo
Editorial del Caribe.

## XXVII

Al filo de la corporeidad,
sin ser un esbozo
o un gesto
emerge la casa antigua
y se reconcilian
pensamiento y sentir
cuando vuelvo a ocupar
la película de la fotografía
sentada a los pies del abuelo,
señor del amor
y las fabulaciones
Ha sido un privilegio estar dentro
del bienestar de los ladrillos
por la desazón y por el gozo
de tantos bienes

Tomado del libro: *La Casa del Vigía* (1993) Pampatar,
Venezuela: Editorial Fondene.

## LIX

El hombre guarda la esperanza
de apoderarse del aire,
fabrica alas,
disfraza sus deslindes vitales.
Es la felicidad

# ANA MARÍA VELÁSQUEZ ANDERSÓN

ANA MARÍA VELÁSQUEZ ANDERSÓN nació en 1962 en Caracas, Venezuela. Es Licenciada en Letras por la Universidad Central de Venezuela, UCV. Luego de ganar varios concursos, Ana María Velásquez comienza a publicar cuentos, ensayos y poemas en varios diarios y revistas literarias. Ha publicado: *Cadaqués, palacio de viento, Con los ojos abiertos*, y *Creí que me besarías antes de partir*. Ana María Velásquez Andersón está casada y tiene dos hijos varones. Ella vive y trabaja en Caracas, Venezuela.

## POEMAS DE UNA MUJER KAWOQ

## POEMA UNO

Perdimos la batalla, Pachacamac
No supimos defendernos
Cada una trajo su propia oscuridad
Caminamos hacia atrás en honor a un dios iracundo
Invocado por equivocación

## POEMA DOS

Casita de barro
Calle Pumapungo
Lugar intermedio
Lejos, el río Yanuncay
Fiero, terrible
En ella abro surcos
Planto mi semilla
De mujer Kawoq, partera fecunda
Miro nubes apartarse
Olvido escorpiones negros bajo macetas

## POEMA TRES

En noche de neblina
Él bailó una danza extraña ante mí
Ritual sagrado para el ave que entonces yo era
Ahora se ha ido
A buscar nidos de cóndores
Dicen que de esas alturas pocos vuelven
Y si lo hacen regresan locos

# APÉNDICE

# ALEJANDRO ROSALES LUGO

ALEJANDRO ROSALES LUGO, pintor y poeta, nació en Ciudad Victoria, Tamaulipas, en 1945. Realizó estudios de Filosofía y Letras en la UNAM y en la Academia de Bellas Artes de Roma. Trabajó como ilustrador para la Imprenta Universitaria de la UNAM y el Instituto Nacional de Bellas Artes (INBA), y actualmente es profesor de Diseño Gráfico y Psicología del Arte en la ULSA-Victoria. Rosales es artista desde 1976, y su trabajo, que podríamos describir como "realismo mágico, con un toque surrealista" forma parte de diversas colecciones privadas y de murales que engalanan algunos edificios públicos de Tamaulipas como el Hospital General, la Torre de Cristal, el Tecnológico de Victoria y el Centro de Convenciones de Matamoros. En junio de este año presentó Tatuajes en la magna biblioteca de la Universidad La Salle en el Distrito Federal, y ha expuesto en Monterrey, Guadalajara, Guanajuato, San Antonio, Austin, Nueva York, Roma, Argentina y Malasia, entre otras ciudades y países. En octubre de 2001 abrió su galería de arte y diseño plástico en Ciudad Victoria, donde recibe a quien quiera ser testigo de su proceso artístico pues no es celoso con su técnica ni con su trabajo.

Ha publicado 5 libros: *Bicicleta de Poesía* (1974), *Mamaleón* (1978); *El Paisaje del Cuerpo* (CECAT 1998); *De Adán A Cézanne Pasando Por Newton; Personajes de mi Ciudad, Locos, Cuerdos y Sabios* (crónica PACMYC 2009); *Bodegón* (poesía, 2011); *Águila del Bicentenario, Sebastián*, coautor, Fundación Sebastián 2010, México D.F. *TODOLOCURA*, Antología de Poesía 1974-2014

(ALJA Ediciones-Amazon 2014). *El Paisaje del Cuerpo* (ALJA Ediciones, Amazon, 2014).

Citado en diez ediciones de narrativa, poesía y plástica, nacionales e internacionales como *Artistas Plásticos Mexicanos 1982 y 1990*, edit., GDA, México, D.F. *Diccionario Biográfico de Tamaulipas*, Universidad Autónoma de Tamaulipas por Juan Fidel Zorrilla y Carlos González Salas, (1983). *Window to México* (Pintores, escultores, fotógrafos mexicanos). International Bank of Commerce, Brownsville and Laredo Texas (1989). *Relatos Visuales, Plástica Tamaulipeca* (2010).

Como poeta es incluido en la *Antología de Poesía Erótica Mexicana de Jaramillo Levi*, Edit. Domés, México, 1988. Investigaciones publicadas por el Consejo Cultural de Nuevo León, Monterrey, N.L 1983. Composición Fotográfica, Sociedad Mexicana de Fotógrafos Profesionales, 1990. *Ventura*, edición bilingüe 1997. *Entre El Panuco y El Bravo*, Orlando Ortiz. *Alejandro Rosales La Estratificación de los Sueños,* Gobierno de Tamaulipas, 1997. Aparece en el *Diccionario de Escritores Mexicanos*, Universidad Nacional Autónoma de México (Tomo 7).

Ha publicado en importantes revistas como: *Mesquite Review*, McAllen, Texas, 1997; *Revista Debate*, Roma Italia; *La Palabra y el Hombre* Universidad Veracruzana; *Punto de Partida*, UNAM; *Revueltas*; *Horno*, dirigida por Roberto Bolaño; *El Bagre*, Tampico; *La Cebolla Púrpura*, San Salvador; *Arte e Ideas*, Lima, Perú. Coordinó *Ojo de Cíclope* suplemento del periódico Expreso, Ciudad Victoria, Tamaulipas. Colabora en *El Collar de la Paloma*. Aparece en *Letras Libres*, enero 2012, México. *Revista IETAM*, 2013. *Antología de Poesía, Binacional*, ALJA Ediciones. Citado en recopilaciones de la Universidad de Texas en

San Antonio y Brownsville, Texas. Incluido en International Printing, Universidad de Malasia.

Premio Nacional de Proyectos Culturales Fronterizos, CONACULTA, 1992. Premios poesía y cuento, Revista Punto de Partida UNAM (1978-1980), el Premio de poesía –ESCA-POLITECNICO 1980, La Palabra y El Hombre, Universidad Veracruzana. Premio dibujo Instituto Tamaulipeco de Bellas Artes, 1982. 1980. Creador Emérito, Tamaulipas, Instituto Tamaulipeco para la Cultura y Las artes, 2004.

Participa en Encuentros y Bienales Nacionales e Internacionales: Festival Internacional Cervantino México (1994). Bienal de Dibujo José Clemente Orozco, Guadalajara, México (1984). Bienal Mc Allen International Museum, Texas (1988). Río Grande 88. League of Artist, Brownsville, TX (1988). Festival de Autores de Artes Plásticas. METRO, México, D.F. (1992), Río Grande Valley Museum, Harlingen, Texas (1995). Streets of Laredo, Arts Festival, Laredo, Texas (1996). La Bienal de Dibujo del Instituto-Israel, México 2007. Encuentro Internacional de Artistas, Mazatlán Sinaloa, 2012 México.

**Contacto:**
5 de Mayo Sur # 275, entre Juárez y Zaragoza,
Zona Centro
C.P. 87000 Cd. Victoria, Tamaulipas, México.
Tel. (834) 312 4182
**Estudio:**
5 de Mayo Sur #318, entre Matamoros y Guerrero,
Zona Centro
C.P. 87000 Cd. Victoria, Tamaulipas, México.
Tel: (834) 312 1473 Cel: (834) 148 3448
www.alejandrorosales.com
E-mail: arlugo@yahoo.com

# DARÍO LANCINI

DARÍO LANCINI, poeta y pintor. Casado desde los años 70 con la escritora Antonieta Madrid, nació y murió en Caracas-Venezuela (1938-2010).

Lancini es considerado como el autor del palíndromo más extenso del mundo, un texto que se lee igual de izquierda a derecha y de derecha a izquierda, ingenioso ejercicio literario que ensayaron y disfrutaron autores como Julio Cortázar y Augusto Monterroso.

El venezolano Darío Lancini hizo verdaderas obras de arte con su ingeniosa forma de escribir, pues en su libro OIR A DARÍO (1975) desde el título en el que involucra su nombre hasta la pieza teatral de 750 palabras que conforma el libro es un palíndromo.

El libro OIR A DARÍO reúne treinta de sus palíndromos de extensiones variables, desde una frase hasta una sorprendente versión de la obra Ubú rey, de Alfred Jarry, reconocida como el mayor palíndromo jamás escrito.

Así lo comentaba en 2009 Manuel Caballero, su amigo y colega —y con quien compartiera tiempo en la prisión junto, también, con Rafael Cadenas—: "En los mil años de la lengua española, sólo el venezolano Darío Lancini ha logrado construir un palíndromo de 750 palabras: nada menos que una obra de teatro basada en aquel Ubú rey del icono de los surrealistas Alfred Jarry".

Lancini también escribió textos que se llaman bifrónticos, que se leen igual pero que cambian de sentido al escribirse de otra forma. Uno de los más conocidos es el siguiente:

"El mar y no tu telar.
El mar y no el ejido, el mar y no su eco.
Su cumbia y no su fría razón ando
buscando. Su eco sensual malográndose oí.
Oí el mar y no su cítara. Oh, Dios, ¿si
con su sal forja cien aguas
el mar y no tu telar,
se asea la mariposa encubierta?".

"El marino tutelar
El marino elegido, el marino sueco.
Sucumbía y no sufría razonando.
Buscan dos huecos en su alma logran doce, oh.
Y hoy el marino suscitará odios, ¿si
con sus alforjas y enaguas
el marino tutelar
se hace a la mar y posa en cubierta?".

Darío Lancini fue uno de los mayores exponentes de este género, la destreza de Lancini fue alabada por autores como el guatemalteco Augusto Monterroso y el argentino Julio Cortázar, quien el 13 de marzo de 1977 le decía en una carta, al agradecerle el envío del libro a través del escritor mexicano Sergio Pitol:

París, 13/3/77

Amigo Darío Lancini, acabo de recibir por Sergio Pitol su maravilloso libro OIR A DARÍO. Gracias, muchas gracias por estas horas fascinantes que he pasado con su libro, un libro interminable porque se vuelve a él una y otra vez, a solas y con los amigos, en plena calle, en pleno sueño. Me ha hecho usted un regalo que no olvidaré nunca. Al mostrarnos así las dos caras del espejo, nos enriquece en poesía, nos entraña aún más en el vértigo de la palabra. Gracias,

Con un abrazo,

su amigo,

Julio Cortázar

Oda

Román: en amoroso lecho,
honorable dama, hoy os ama
Román enamorado.
Teresa: Seré toda, Román,
en amor, ama soy. ¡Oh, amad!
El Barón: ¡Oh! ¡Oh, celoso Román enamorado!

Esta carta fue incluida como apéndice en la reedición del libro publicada por el mismo sello en 1996.

# JOSÉ DÍAZ DÍAZ

JOSÉ DÍAZ DÍAZ (1948), colombiano, naturalizado estadounidense, se graduó en Filosofía en la Universidad de Santo Tomás de Bogotá y cursó estudios de posgrado en Literatura en la universidad Javeriana de la misma ciudad. Después de unos cuantos años de ejercer la docencia en la capital colombiana viajó a Caracas en 1979 donde permaneció por diez años. Allí se vincula, por un tiempo, con la Editorial Monte Ávila donde fungió como Lector, bajo la dirección del poeta Juan Liscano. Sirvió a su país por cuatro años en el Consulado de Colombia en Caracas. Su regreso a Bogotá es solo por unos lustros nada más porque en 1996 emigra a los Estados Unidos. Reside en Hollywood, Florida.

Desde su primera juventud lee y escribe sobre temas literarios. Las Reseñas, los mini-ensayos y, más tarde la Crítica Literaria, ocuparán gran parte de su tiempo y de sus afanes. Finalmente la narrativa lo gana por entero. Ha publicado el libro de ensayos breves: *Literatura para principiantes* (2006); el poemario *Los versos del emigrante* (2008); la novela *El último romántico* (2010), versión ebook: *Retrato de un incauto* (2013); *Los ausentes* (2013) libro de relatos; el manual: *Todo lo que debe saber un escritor principiante* (2014). Sus escritos son publicados en diversos periódicos y revistas especializadas. Relatos suyos se pueden leer también en la Antología Bilingüe: *Un Escorzo Tropical / A tropical Foreshortening*; en la de Suburbano ediciones 2013 vol. 2; Letras y nostalgia colombiana en la Florida y CEPI: Cuadernos literarios.

La temática de su narrativa, de tendencia universal más que local o nacional, gira principalmente alrededor de la búsqueda del sentido de la vida del hombre contemporáneo; de su conciencia opacada; y por su terca opción de evitar caer en el abismo del absurdo total. Los contenidos de sus relatos invitan al lector a escarbar en la conciencia— a veces oscura y a veces luminosa— de sus criaturas literarias para intuir el soporte de sus simbolismos. Sus personajes suelen ser seres descentrados, transgresores y de límite. Su escritura tiende a usar técnicas alejadas de lo tradicional y más bien se regodea en la experimentación postmoderna.

Actualmente dirige la Escuela de Escritura Creativa: La Caverna, la cual posee una colección de más de diez títulos publicados. Es colaborador de la revista digital Suburbano. Su página web: www.arandosobreelagua.com

# JAMES BRANDENBURG

JAMES BRANDENBURG ha sido dos veces poeta laureado por la Asociación de Poesía de San Antonio, Texas (SAPA).

Ha trabajado 42 años en Educación y es Terapeuta Certificado de Poesía, Consejero Mental, Analista de Sueños y Co-Fundador de la revista *Voices de la Luna*, SA (Revista de Poesía y Arte actualmente en colaboración con el Departamento de Inglés de la Universidad de Texas en San Antonio, TX.U.S.A)

Brandenburg es profesor adjunto de San Antonio College y domina varios idiomas: Inglés, alemán y español. Él estudió Filosofía durante un año en Alemania. Vivió en Alemania y España por un período de 15 años, y tiene dos libros publicados de Poesía: *In Pursuit of the Butterfly* (1996) and *Somewhere Everywhere Ingendo Überall* (2003) con el cuál comparte autoría con el poeta alemán Hejo Muller.

James Brandenburg ha recitado su poesía en varios estados de los Estados Unidos, y en varios países, tales como: Puerto Rico, México, Francia, Alemania y España.

James Brandenburg, por segunda vez este año, fue invitado al prestigioso Centro de Entrenamiento y de Investigación de Psicología Profunda (basado en las enseñanzas de C. G. Jung y Marie-Louise Von Franz) en Bethanien, Suiza.

# ENGLISH/INGLÉS

ADAN:
I am I…? I doubt

GOD:
Ah, the atheist paranoiac
It will thrill me, poet.
Have you heard him? He doubted and
I am nothing

Palindromist and poet (R.I.P) Dario Lancini
Taken from the book *OIR A DARIO*

Translated from a palindrome written in Spanish. The translation
is not a palindrome.

# ACKNOWLEDGMENTS

I would like to acknowledge all the people that have been instrumental in making this anthology possible: My parents Olga Madrid Maya de Madrid and my father Miguel Madrid Abreu (R.I.P) for instilling in me the passion towards Literature and the Arts. The women in my family for having embedded in their soul the strength and passion for life. My husband Augusto Parra, an eagle lying in wait for his severe and critical eye. My daughter, Alejandra Eugenia Parra-Madrid for her patience and her condor spirit flying to the sky. My brother, Pedro M. Madrid M, existentialist poet (R.I.P), my sisters, Tatiana Madrid de Castillo, and Maria Eugenia Madrid so spiritually close yet they are far away, Jose Diaz Diaz for his wise advices regarding the editing of this anthology, Ani Palacios and Pukiyari Publishers for their unconditional support and for being instrumental in the publication of this anthology, and finally always grateful to Maria Angelica Brandenburg, James Brandenburg, Palmer Hall (R.I.P), and Dr. Mo Saidi for giving wings to voices to take flight in the reflection of the fallen stones.

# INTRODUCTION

Jose Diaz Diaz

Rarely in the history of Literature and Poetry of a country could be shown an extraordinary group as representative of writers-poets do, in this case that exalt the lyrics of their homeland appropriately, as these one made up of members of a family tree whose theme linking the profound creativity is the metaphor of the written word.

In this anthology, Maria Gabriela Madrid, belonging to this remarkable family (writer, poet, and bilingual editor), is given the task to investigate thoroughly, collecting texts of emotive content; rummaging through the meanderings of her family tree to present us with a bunch of vigorous writing; bards all current and carry on a message of innate literary quality.

Nothing more appropriate, in these years that Venezuela is plagued by rampant demagoguery and ignorance entrenched in power, the presence on the shelves of Hispanic and Anglo-Saxon culture of an elaborate poetic work representing the most expressive and exquisite singing of a handful of privileged voices vibrating in the sense of their hidden emotions, hopes and anxieties.

With this new editorial achievement Maria Gabriela Madrid consolidate the dream of many years hanging about her tireless purpose to converge in a beautiful book the footprint of the precise word and libertarian of her closest ancestors are consolidated. Also, for lovers of poetry in both Spanish and English, it constitute an event of intimate rejoice to access a literary material that gushing transcribe the genuine warmth of a transparence language that equally describes the map of the South American geography as a vigorous image of their strong idiosyncrasy.

# NOTE

Maria Gabriela Madrid

In this anthology I appear as a poet and editor of a group of poems that reflects the extreme sensitivity of their creators. An anthology that features the presence of almost all the poets of my family. A compilation of life, of the country that was Venezuela, of the longing for the return of those days. I do not know how many experiences, memories, shared images, celebrations, family gatherings would have flitted through my brain when that bucolic afternoon we hugged and said goodbye, see you soon, "I will see you soon" said my father the last time I hugged him just to die months later, "I 'll see you soon" said my mother after many hugs and standing at the gate of the house waiting for the car to drive away to avoid prolong the pain involved by going down to the airport. They were my aunts, who were with me that day and with pricked faces like I forced their muscles to outline the fake smile that would mitigate the farewell... "We will see you in December" said my aunts separated by the safety glass and with signs motioned me to go forward, not to turn back and not to engage again our eyes sight drowned in tears contained. For many years despite every farewell, and sense tear, I always held the hope to return at any time to see them all over again, to step on the multicolored mosaic bustling airport but gradually everything changed. Now the halls are empty, for hours nobody walks the mosaic of colors, the work of kinetic art of Carlos Cruz Diez that we as Venezuelans felt so proud, but now reflects the decline of the country. Few planes land and take off. Every day there are less tourists and expatriates visiting the country. The Venezuelans' fear of being another statistic and even the most daring prevents to return to Venezuela with the only alternative to live the present and preserve vivid memories that no matter if they were set in during childhood, adolescence or adulthood are now reflected in the poems that make up this book.

So many houses witness of memories. The situated at the foot of the Andeans Mountains, made of stone, with tiled roof, wooden beams where *Tuquecas* (lizards) move. The room of the mad man which everyone avoid to visit, let alone sleep in that place where cold seeps between stones, deep whistle of the wind is heard, the steps when no one is walking and the screams of the Sayona or perhaps the meowing of cats on rooftops.

The oceanfront house located just three hours from Caracas. A journey where captivated by the smells of pies of fish, cheese and meat made us stopped to taste them and then counted the kilometers in low voice so we knew we were getting closer to the house. The house called *La coneja. La coneja* and the Water Tank. The house of seven rooms and one corridor full of hammocks. It was the house that had the capacity to welcome up to thirty people in double beds, bunk beds and hammocks. Day and night walks at the seashore. Holy weeks where we met friends and family. That unforgettable night when one of my great grandmothers aunt put aside her teeth and walking slowly took us by the back off-guard and showed us her empty mouth without teeth. The same great grandmother aunt who moved objects and once moved the wooden table. At the time no one saw if she was the one who lifted the table with her legs, or if it was true that she had the gift of tele-kinesis. Nights when my relatives around the campfire told us scary stories and always told the story of the man who dresses in Venezuelan traditional Liquilique that talked and showed his gold tooth every time he laughed just to discover the next day that the liquilique man who had spoken the previous night had hanged himself years back in that same house.

The house in Margarita where girls from different backgrounds were instructed in the housework and sewing. The afternoon when we play with the prized collection of marbles of all multicolored sizes. The room of the sewing machine, the embroidery, linens, dresses with honeycomb, and glasses filled with buttons. The poet aunt that surprised us that evening holding a baby tiger in her arms and between the songs of the macaws and meows culminated our visit.

The house on the second floor, apartment yet bigger than a mansion, is the home that holds precious books and mementos brought from her stays in other countries and now living in Venezuela spends long hours writing short stories and novels. The aunt that has a cat and a dog, the aunt present in Facebook, the aunt with her blog, the aunt who teaches the secrets.

The house of Mastiffs and Rottweiler's that run to the door and sniffed anyone who would come in, and across the door, the piano, silver and crystal sculptures, paintings, and Chinese vases welcome any visitor. The room of the semiprecious stones waiting for the goldsmith aunt. The same aunt that colors children' books, the one who collects pictures and stories about the family, the aunt that writes and immersed in technology has a blog full of reviews, stories and novels. The aunt which during Christmas had her table dressed with the Spanish tablecloth displaying the ham, the turkey with plum sauce, the Russian salad, the pineapple salad, celery and apples, the green rice, the hen chowder and hallacas (Christmas pie). A menu of kings and while my aunt finished dressing herself before the arrival of any people invited, one by one the mastiffs and Rottweiler's entered through the sliding door to the main hall and quietly sniffing jumped on the table and ate all. Under distress she developed a horrible headache, and didn't have the required medicine. Within fractions of seconds the phone rang at the home of her sisters and quickly they gave her the medicine, and another embroider tablecloth was placed over the table to hold the dishes brought by family members and friends. It was a country where there was no shortage of food and medicine but variety and you could improvise at the last minute.

The house where I grew up is the house of the red roof where through the door memories come alive and I feel the presence of my father and my brother rolled up in a white sheet, reading, writing and rarely reciting his existential poems out loud. Both wandering at night in every corner of the house, and the red room witnessed of love and hate, laughter and recriminations, of family gatherings where there was no taboo and we could talk about any subject: life itself, dreams and fears, COPEY, AD, MAS and MIR and today because of that love of family no one talks about politics. It is a suspended tension left behind to oblivion due to shared memories. There are many divided families; there are others like mine who have learned to live together, to share the old stories, the newly created poems and stories, everyday problems looking to spend a nice time together where all treasured memories mingled with light and shadow. Where the stories gave way to the intangible to be tangible. Where we shared moments and family and friends were still present and had not moved to other countries. It is an anthology where everyone is physically together and after our own death, the anthology will pass through paper and Internet to future generations.

# PROLOGUE

James Brandenburg

The Venezuelan Bilingual Poetic Anthology, *Voices Take Flight in the Reflection of the Fallen Stones,* honors literary voices from Venezuela. This group represents some of the finest poets and writers in Venezuela. They are highly diverse group, articulated, talented, highly educated, and creative. They also represent different ages. Although prominent in Venezuela, these writers are not as well known in the United States. The English translations offer non-Spanish speakers a glimpse into the world of these talented writers. The poets and authors write about the beauty and the changing world of their native Venezuela.

In Norka Armand's "I built a Dream to Catch the Nightmares," the poet writes about a changing world. "… In Fandeo, the hacienda, where the sugar canes scorch, and the cow's eyes passing in the field to later transform it into PASTEURIZED MILK! And you with the centimeter to measure the exaggerations! And Plankton dying eleven times, eleven. Because eleven are the fleeting stars…"

The images in Norka Armand's poems are also the images of a painter. "I am an aquarist who stares at the water color. / I see the sky through the leaves. / I see Plankton through the leave and how it strains his blood through the stones of the wall…"

Carmen Cristina Wolf's lines in her poem, "The Train," mirror the beauty of the countryside. "With your eyes closed, / see the talks of the wood / their pollen in true scents / the gold among the trees / ask yourself / if the waves' songs will reach / the porthole of your dream"... The lines lead the reader to ask the following questions: "Are you going or coming, who knows / the poem dwells in your secret..."

Carlos Armando Figueredo Planchart touches on the Reflection of the Stones in his "Poem 1."

"You led me to the path" / and I knelt before the stone / at the hills and the trees / and the juice killed my thirst /. The poet has learned to celebrate the earth.../ all that whiteness / of sheep and doves, / the joy of fire /, the water's enchantment / and that of Earth /. / For me you opened /my love of stars and galaxies, / you taught me how to cherish / all human creatures. / You made me the captain / of an army of wisdom / to make me kneel / before God's word."

Maria Gabriela Madrid honors the death of her father in the poem, "Black Horse Yet.

"Old tired horse / I will always cherish you."

Edicta Oporto De García (R.I.P) honors the past in her poem, "The Brilliant." The poem is dedicated to the politician and general of independence of Venezuela, Rafael Urdaneta. The country worships the great fighter / born in Zulia / of great pride .../ His sublime figure of important stature / was the reason Bolivar Called him / The Brilliant..."

The poem "City Song" by Lidia Salas sums up the idea that our place of birth is always in our hearts, and our memories are always filled with this image. This image is universal because "perhaps in the world this street is everywhere."

The poets and writers in the anthology *Voices Take Flight in the Reflection of the Fallen Stones* pull the readers into their world through the use of poetic language and poetic images. By being pulled into this world, the reader is reminded of his or her own place of birth.

# ANA ENRIQUETA TERAN

ANA ENRIQUETA TERAN was born in Valera, Venezuela on May 4, 1918, and started writing at a very early age. Her writings portray an exploration of nature, and home. She received the "National Award of Literature" (1990); "Doctor Honoris Causa of Education" from the University of Carabobo (1989); and mention in the "Municipal Contest of Poetry" (1946) José Rafael Pocaterra award. She lives in Valencia where she was the president of the Cultural Club.

She has published more than a dozen books. Some mentioned here, included: *To the North of the Blood* (1946), *Terrene Presence* (With prologue written by Juvenal Ortiz Saralegui 1949), *Secret Verdure* (1949), *I Bear Witness To* (1954), *From Forest to Forest* (1971), *The Book of Jobs* (1975), *Music with Foot of Psalm* (1985), *House of Speech* (1991), *Albatross* (1992), *Minimal Anthology* (2003). William Rowe included her among other seven Latino Americans authors in his book *Poets of Contemporary Latin America; History and Inner Life* by Oxford University Press (2000), *The Poetess Counts to 100 and Bows Out* (Princeton University Press). Ana Enriqueta Teran worked at different diplomatic posts in Uruguay, Argentina and as a businesswoman as well.

## THEY WHO LIVE THERE HURL THEIR WRITINGS

They who live there hurl their writings
at cities, villages, and towns.
They who live there lift feral rage
to ravage even ghosts of myths.

Razed to earth as in earlier
epic deeds and endless hisses.
Writs and folded manuscripts
along corridors razed to earth.

On the watch where the verb to love
unpawns its pure obligation,
they who live there speak with some she

quite precise, in search of the hint
at the unheard, speaking with her
who rives clarity out of cloud.

Taken from the book: *The Poetess Counts to 100 and Bows Out*.
Princeton University Press.
Translated by: Marcel Smith (Professor of English Emeritus at
the University of Alabama)

## TO A WHITE HORSE

What clashing of mane, what keening
of neck bent toward slathery lips,
sleek pastures of flank: horse pure white
because I will it to be so!

Your eyes copy the grave landscape,
a foundered tree quakes at anchor,
tinctures mulberry and sky blue
clamber your haunches down the wind.

You run from me, are lost in green
cresting grasses, steer your breastplate
toward the clashing western thicket;

You run from me, a darkening pool,
and white from breast to stringent gorge
out of my depths your whiteness sings.

Taken from the book: *The Poetess Counts to 100 and Bows Out*.
Princeton University Press.
Translated by: Marcel Smith (Professor of English Emeritus at
the University of Alabama)

## THE MOTATAN

Revolt boils over. Sweetness gets
the boot. Courage is given a free hand
in frothing space, on jagged way.

Torso flogged to tatters, you burst
out of bed, banks lie still, breathing
out deep groves of trees, winged cantos,

They stitch hot swirling leaves into
concord with a pulsing shadeful
climate I submit to admire.

The ground does not repose in pure
clear puddles if under water
reflexions snarl. Fierce, I go on.

From turbulent and determined lymph
a thigh slides off, goes down and shackled
to boulder ruck, underwater bush.

I select from your stout heart what
innocence grasped in your lush cold,
in case some vast light brought me near

a feral circle. (Shouts and cries and vexing laughter
swell to break through recollecting dank trespass).

This same light, clutching at a bird's
red trill. This light so very keen

it hurt, sliced a limpid eye to leave

in some stonemason's wall a glad
fountain, in good time, good looking,
with frilly airs and guitar trees.

Just your name, Motatan, calls up
tombs, cataclysms, lifts you high,
blares might from sheer crag. Too much might.

What is scored, at rest, must save itself
bound to the common word river,
poised to obey until it falls

thunderclapping into a bog.
I spent my girlhood in your stream.
Keep me in your heart, you in mine.

Make me eternal in your now.


Taken from the book: *The Poetess Counts to 100 and Bows Out*.
Princeton University Press.
Translated by: Marcel Smith (Professor of English Emeritus at
the University of Alabama)

# ANTONIETA MADRID

ANTONIETA MADRID was born in Valera, Venezuela. She received a Master in Contemporary Latin American Literature at Simon Bolivar University (1989), B.A in Education (U.C.V, 1963-68) and studies of Doctorate in Social Sciences (FACES/UCV). She was invited "Honorary Fellow in Writing" (University of IOWA, 1970). Antonieta Madrid taught Latin American Literature at Catholic University Andres Bello (UCAB), as well as The University of West Indies (UWI), Cave Hill Campus, Barbados. Antonieta Madrid has published the following: *naming day-by-day* (Bilingual edition, New York, 1971); *Reliquias de Trapo* (Short stories. Monte Avila, 1972); *No es Tiempo para Rosas Rojas* (Novel. Monte Avila 1975,1983,1992). *Feeling* (Short stories. CADAFE, 1983 and Caja Redonda, 1997); *Lo Bello/Lo Feo* (Essays. Academy of History, 1983); *La Última de las Islas* (Short stories. Monte Avila, 1998); *Ojo de Pez* (Novel, Planeta, 1990) and *Equinocio* (USB, 2006); *Novela Nostra* (Essay.FUNDARTE, 1991); *El Duende que Dicta* (Essays. Caja Redonda, 1998); *De Raposas y de Lobos* (Novel.Alfaguara, 2001); *Al filo de la Vida* (Relatos. Bid & Co. Editor, 2004). Antonieta Madrid received Premio Interamericano de Cuento (1971); Premio Municipal de Literatura del Distrito Federal (1974); Premio Único Bienal de Literatura José Rafael Pocaterra (1984); Premio Único de Ensayo FUNDARTE (1989); Finalist for the "Premio Internacional de Novela Rómulo Gallegos" (1991). Among other recognitions, her works have been translated into several languages: English, German, French, Italian, Modern Greek, and Serbian-Croat, included in numerous anthologies, and are studied in National Universities and abroad. In addition, Antonieta Madrid has worked as a Diplomat, and has held posts in the following embassies: Buenos Aires, Argentine; Greece, Athens; Beijing, China; Warsaw, Poland and Barbados.

## REVIVAL

The tense barking reminded me that I should wake up
You are that gloved ghost who broke time
I am the rootless vegetable who was dying under the
sun
I accused you of arrogance
      of inconsistency
      of misanthropy
      and even of madness
I could laugh at a world that never smiled
To renounce the imprecise
      (That was my defense against the metallic age)
Now, your shadow becomes my truth
With you, I rescue my wilderness
I look at the symmetrical garden
I draw, with a little branch, your portrait
I invent you
My love makes you grow
You were before the Creation.


Taken from the bilingual book: *naming day by day*
(nomenclatura cotidiana)
Translated by: Bill Dickerson, Ray Kril, and Sydney Smith.

## I HAD CHASE YOU

I HAD CHASE YOU into space
happiness runs out the closer you get to me
I have germinated
No one wounds me
      not even submission to a boundary
It was a monotony test
ALONE
      freed from hope
                no plans
                no ambitions
                no intelligence
                no possible reflection
I caress your suitcase with my fingertips.

Taken from the bilingual book: *naming day by day*
(nomenclatura cotidiana)
Translated by: Bill Dickerson, Ray Kril and Sydney Smith.

## I AM THAT WOMAN

I AM THAT WOMAN on her own
        who stretches out in the sun
        who goes up walls
        who gets lost in cracks
        who drinks beer
        who reads Marcel Proust
        who is getting used to the square world
AND
        at the first sign of irregularity
            leaps over the walls!

Taken from the book: *naming day by day* (nomenclatura cotidiana)
Translated by: Bill Dickerson, Ray Kril, and Sydney Smith.

# CARMEN CRISTINA WOLF

CARMEN CRISTINA WOLF is a poet, essay writer and editor born in Caracas, Venezuela. She is a lawyer with superior studies in Latin American Literature. Works published include: Poetry: *Canto a la Mujer*, Cármina editors 1997; *Canto al Amor Divino*, Cármina editors 1998, *Escribe un Poema para Mí*, Círculo de Escritores de Venezuela 2001; *Fragmentos de Isla*, Poiesis 1988, *Prisión Abierta*, Al Tanto 2002, *Colección Las Iniciales del Tiempo, Atavíos*; *El Pez Soluble*, 2007; *Huésped del Amanecer*, Universidad Nacional Abierta, 2008. *La Llama Incesante*, Aforismos, Centro de Estudios Iberoamericanos de la Universidad de Salamanca; *Retorno a la Vida*, Ensayo, Cármina Editores; *Poesía Femenina y Violencia*, published in Antología 8° Encuentro Internacional de Escritoras 2008; *Estudio sobre la obra de Rafael Cadenas*, Conciencia Activa 21; *Acontecer Fecundo: Estudio sobre la obra de Luz Machado*, published by Asociación de Escritores de Mérida 2008; *Retorno a la Vida*, Cármina Editores 2006. She has been professor of Communication and Speech at the Pedro Gual Institute of Diplomatic Studies. She was awarded the Prize for the Short Stories Competition 2005 of Libreria Mediática. Finalist and the World Prize of Poetry 2009 for Sociedad de Arte y Literatura. Her works appear in *Antología de Poetas Venezolanos* by José Antonio Escalona, Universidad de los Andes 2002; *Quiénes escriben en Venezuela* (Conac 2004); *El Hilo de la Voz,* 2004; *Antología del Círculo de Escritores de Venezuela,* 2005; *Biblioteca de Venezuela Analítica; Mujeres Venezolanas ante la Crítica de la Asociación de Escritores de Mérida,* 2008; *Antología Octavo Encuentro Internacional de Escritoras, de la Asociación de Escritores de Mérida,* 2008; *Antología de Versos de Poetisas Venezolanas 2006*; Correspondant of the *PublicARTE review.*

A sample of her poetry appears in the book *La Mujer Rota* (Primer Foro Internacional de Poesía), Literalia Editores México 2008; and published in numerous newspapers and magazines. She is Director and former President of the Circle of Venezuela's Writers.

Translated by: Carlos Armando Figueredo Planchart.

*I want my farewell to have a single syllable*
*The least painful,*
*the shortest*

Eugenio Montejo

## THE TRAIN

With your eyes closed,
see the talks of the wood
their pollen in true scents
the gold among the trees

Ask yourself
if the waves' songs will reach
the porthole of your dream.

Will your choice be as gentle as your visage,
the same calm traveler?
There is nothing that we own.

Your body just goes by as time turns
alien as a bird while flying

Far away the horizon and its chimera
Are you going or coming, who knows
The poem dwells in your secret

Translated by: Carlos Armando Figueredo Planchart.

# THE SOUL

Tell me my garden's geranium
Do you know where the soul has gone?

The body ran away
and there is no way my hands
may embroider its memories

I ignored where you are, my soul
I just hope your walk is steady

Do not talk to the nightingale
you would loose your flight the shadows

The time has not yet come
to find the tree of Genesis

Translated by: Carlos Armando Figueredo Planchart.

## THE POEM

Listen to what is empty within phrases

Lend a voice to the thoughts
and let the words think.

To write and to offer
all doubts in their certainty
in the loneness of endeavor
and their never tiring eagerness.

The page's pervasive joy.

Sometimes, at night I rethink the world
I pull it with one of its threads
and it leads me through its maze

Nothing pulls more than a poem
peeping through the door
the millenarian letters' enigma.


Translated by: Carlos Armando Figueredo Planchart.

# MARIA GABRIELA MADRID

MARIA GABRIELA MADRID was born in Caracas,Venezuela. She studied Education at the Metropolitana University of Caracas-Venezuela, Creative Writing and English as a second language at Harvard University, Boston University and Columbia University.

Madrid obtained a Diploma and Honorable Mention for her participation in the XVII Poetry and Narrative Contest "Nicomedes Santa Cruz 2008" Institute of Peruvian Culture, Florida, USA. The juror was Luis Angel Casas (nominated Nobel Prize of Literature) Florida Mayor Carlos Alvarez awarded the award.

The book of short stories she authored Entre los surcos del recuerdo is part of the advanced Spanish classes at school Saint Mary's Hall in San Antonio, Texas.

Since 2008, during Christmas, her short story *Why?* is transmitted in *Texas Matters* National Public Radio (NPR) 89.1 FM program.

In 2010 Madrid participated in a videoconference with Junquiano Workshop in Caracas, Venezuela. The topic was "Chicanism as political, cultural and social movement and Chicano identity in art and literature"

In 2010, Maria Gabriela Madrid received in Houston the recognition "Woman Writer 2010-2011" awarded by the representative of the mayor of Houston Anisse Parker.

In 2010 the program *Desde San Antonio* of Univision TV network interviewed Madrid.

Her stories, poems and articles have been part of several anthologies and magazines in the United States, Venezuela and Israel.

Maria Gabriela Madrid participated in the thirty-second (32) Anthology of World Congress of Poets of the World Academy of Art and Culture (WAAC) affiliated to UNESCO, the United Nations Letters, Hispanic Writers Union, International Forum IFLAC for Literature and Culture for Peace, Israeli Association of Writers in Spanish Language, Argentine Society of Letters, Arts and Sciences, Salač.

Madrid participated in Spanish in the anthologies *Poetas y Narradores 2008* and *Poetas y Narradores 2009* sponsored by the Institute of Peruvian Culture, Miami-Fla.

Maria Gabriela Madrid participated in English in the anthologies *Inkwell Echoes 2009-2010* and *Inkwell Echoes 2010-2011* sponsored by the Association of Poets of San Antonio (SAPA).

Madrid participated in the bilingual anthologies *Woman Voices / Voces de Mujeres* (2009) published by Our Lady of the Lake University (OLLU), *Un Escorzo Tropical / A Tropical Foreshortening under the seal* of The Cavern, school of creative writing in Florida, U.S.A. Currently on amazon.com.

Maria Gabriela Madrid participated as author at the National Convention of 2014 Hispanic Journalists (NAHJ). The books she authored *La Danza de las Sombras* (Spanish) and *The Poets'Web / La Telaraña del Poeta* (English and Spanish) were accepted to be part of the carousel at the University of Texas at San Antonio in the 2014 annual Convention of Hispanic Journalists (NAHJ).

Referring to the book *The Poets' Web / La Telaraña del Poeta*:

"It is safe to say that these poems of high lyrical value will be recognized as an important work within the literature. It is obvious to me that it is the product of the work of an experienced and educated poet in the concepts of Contemporary Latin American Poetry."

"Maria Gabriela Madrid is one of those poets who will leave a mark on Hispanic American Literature and for that I recommend this work, which in addition to being very poetically lyrical, is worked with a careful and educated language."

"In the poetry of Maria Gabriela Madrid you can find in a subtle way her philosophical position regarding the relationship between man and God in the ontological conception and protest and pain for the injustices committed during the history of mankind. It is presented with such elegance that is necessary to devote a respectful meditation." –Ernesto Kahan

Dr. Ernesto Kahan (Nobel Peace Prize 1985). Professor Emeritus, poet and physician. He is Vice-president of IPPNW (Association awarded the Nobel Peace Prize 1985) and among many other organizations, is the Honorary President of the Association of Israeli Writers in Spanish Language (AIELC)

Regarding the poetry of Maria Gabriela Madrid:

"Her poetry often expresses Swiss psychiatrist C.G. Jung's idea of opposites and tries to find a balance between opposites. Her poetry expresses both the joy and the anguish inherent in human nature. Madrid describes not only the beauty in people and nature, but also the ugliness and traumas in the world."

"Maria Gabriela Madrid forces us to look at our own opposites and find our own balance, and she does so with lyricism, metaphors, lively images, and figurative language."

"Her poetry is equally beautiful in Spanish and English." –James Brandenburg.

James Brandenburg has been twice Poet Laureate by the Association of Poetry of San Antonio, Texas. He has worked 42 years in education. He is a Poetry Therapist, Mental Director, Analyst of Dreams and Co-Founder of the magazine *Voices de la Luna, SA*.

Brandenburg is an Associate Professor at San Antonio College (SAC) and fluent in several languages: English, German and Spanish. He is Family and Marriage Therapist and for 15 years lived in Germany and Spain. Brandenburg has published two books of poetry: *In Pursuit of the Butterfly* (1996) and *Somewhere Everywhere Ingendo Überall* (2003), with which he shares recognition with the German poet Hejo Müller. James Brandenburg has recited his poetry in several states in the U.S.A and in various countries such as Puerto Rico, Mexico, France, Germany and Spain.

James Brandenburg, for the second time, has been invited to the prestigious Training Center and Investigation of Depth Psychology (based on the teachings of C.G. Jung and Marie-Louise Von Franz) in Bethanien-Suiza.

Regarding the book *Entre los surcos del recuerdo* by Maria Gabriela Madrid:

"The stories of Maria Gabriela Madrid are representative of what has been called bio-fiction (fiction and biography, not necessarily about the personal life of the author), finding in most stories, descriptions based on subtle scenarios that without neglecting the literary level, flow into final surprises that captivate and impact the reader. In these stories told with economy of language bordering with literary minimalism, the author uses humor and irony, in her sense of detachment. This is fiction interwoven with traces of everyday reality and imagination, defining clearly the line between reality and pure literary fiction in which the characters that populate the stories, resulting in a discursive playful universe where formal literary reality is expressed offering the reader a unique product in her creative originality ." –The Editors.

"For the poets, like me, immersed in the story is a fascinating universe. Since I started reading Chekhov, Poe, Horacio Quiroga, Maupassant, Onetti, and went back to reread Borges with another inquest look, I am very pleased to read this genre, and find in the book of Maria Gabriela Madrid the application of the secrets of the masters, as I said earlier, she doesn't adjectival unnecessary, she doesn't distract the character with secondary things. She writes with clarity. She does not describe the psychic world of the characters, they reveal themselves with their thoughts and actions." –Carmen Cristina Wolf (Poet and former president of Circle of Writers of Venezuela).

Madrid edited in collaboration with the existentialist poet Pedro M. Madrid M. (RIP) the books *Las Alas Perdidas* (Spanish, 2012) and *Arkontika* (Spanish, 2013). Both books on amazon.com

Maria Gabriela Madrid is a life member of the World Congress of Poets under the auspices of the World Academy of Art and Culture (WAAC) affiliated to UNESCO and registered in the United States.

In February 2015 Madrid will participate as a Speaker for the American Association of Teachers of Spanish and Portuguese Language (AATSP) in Educational and Cultural Arts Center, A&M San Antonio, Texas.

Madrid is Director of *Voices de la Luna*, and manager of *Voices de la Luna* page on Facebook:

https://www.facebook.com/pages/Voices-de-la-Luna-A-Quarterly-Poetry-Arts-Magazine/1499041150043281?ref=hl

Madrid was elected Precinct Chair in the primary elections of 2014 in the United States of America. Precinct Chair (2014-2016). Madrid became Deputy Officer (2014)

Maria Gabriela Madrid is married, has a daughter and lives in San Antonio, Texas.

## BLACK HORSE JET

A white star stands out in your forehead
sprouts of subdued panache
being earlier the haughty artist

Horse of cinema
movies of cowboy
John Wayne and Bonanza
mark the time of your alive memories

But today they lie hidden in the sand
and the ruts are the result of desperation
of your hands like hooves lifting the dirt

Only empty lagoons
forgotten memories

Jet black horse
thin mane
that before moved with the air
not as the bold spots of your white hair
that now announce empty lagoons of memories that
will never return to you

Old tired horse
I will always cherish you

Translated by Maria Gabriela Madrid. Taken from the anthology
*Inkwell Echoes* 2010-2011 (SAPA)

## DOVE OF PEACE

I see wars
burning the planet

I see ravens hovering over death
and misery

Ravens of tie and starch
selling weapons and yearning to Moloch

Destroying lives
leaving behind their steps
corpses with lost dreams

Countries in dispute, gory countries

Children, women and men
carrying weapons, bombs and grenades
instead of books of wise words

Children, women and men
of tired, lost, absent look
taking the death to mountains, streets and coves

With feeling of unease and repudiation to the war
I join the ones that raise their voices

Shrieks of thunder crying cease of fire
shrieks to the wind crying out peace for the dead
shrieks of ink crying out the return of ingenuous days

shrieks demanding a come back for life
flowers in the fields instead of mines

Warriors of peace, burnt gullets
through ink, through paper

With knowledge and hope

The ravens will change their plumage
and instead of war they will fight for the lost peace

Black feathers for White feathers
Dove of peace. Hope for life.

Translated by: Maria Gabriela Madrid

Taken from the anthology "32nd World Congress of Poets. World
Academy of Arts and Culture, Israel 2012" UNESCO, Union
Hispano Americana de Escritores, The Hebrew Writers
Association in Israel, Association of Writers of Spanish
Language in Israel, IFLAC (International Forum for the
Literature and Culture of Peace), Naciones Unidas de las Letras,
Argentine Society of Letters, Arts, and Sciences (SALAC),
Institution Manuel Leyva A.C. and SIPEA. International
Association of Poets, Writers and Artists A.C. Brasego editorial.

## THE LADY WITH THE BLACK VEIL

A mysterious invitation
arrived in the mail
inviting me to a ball
requesting me to wear a black dress
and signed by the lady with the black veil

The following day
I wondered
what black dress to wear
and who else will be there
since I have never met the lady with the black veil

The night arrived and
the full moon lighted my way
inside the ballroom
only familiar faces were there

To my surprise
everyone of them was already dead

So I wondered why am I here with them?
and then I recalled the previous night
while trying on the new black dress

Noises stronger than thunder
shook the ground, and I slipped and hit my head

But little did I know
I died that day

And now already dead
I dance all night
and mingle too with the lady with the black veil
whose new invitations are already in the mail.


Taken from the anthology *Inkwell Echoes* 2010-2011 The San
Antonio Poets Association (SAPA)

# NORKA ARMAND

NORKA ARMAND was born in Valera, Trujillo, 1947. She has attended writing courses and literature workshops in Venezuela, Mexico, and the United States. In 1986, Norka Armand and Martha Colmenares published the book "La Otra Piel" (The Other Skin, Dialogue Syndrome). Norka Armand has attended courses and workshops in painting, drawing, craftsmanship in precious metals, utility glass and metal hammering with renowned Venezuelan craftsmen and has presented her works in Oscar Carvallo's Collection of Purses with Glass, Necklaces, Bijoux, Leathers, Textures and in Biglidue Stores (1999-2001); She exhibited her Ethnic Necklaces in Alicia Armand's Show De La Tierra, 2003, and participated in the Third National Hall of Glass and the XXX National Hall of Fine Arts obtaining the Universidad José Antonio Páez Award in Jewelry with her work "Treasure in the Tepuy", 2003. Her collection "Series Integración" (Integration Serie) was exhibit at Citibank FSB Brickell Financial Center Art Show, Miami, December 2005-January 2006. Norka Armand'collections have been at various exhibitions: The First Jeweler's Encounter

Exhibition, June 2006, the Second National Hall of Craftsmanship, 2006, VII National Biennale of Arts, 2007, and The Exhibition 150 Pendants TAC Gallery, 2008, Trasnocho Cultural, Caracas, Venezuela.

## I BUILT A DREAM TRAP TO CATCH THE NIGHTMARES

I built a dream trap to catch the nightmares and I am the amphora where the germ of life,
ointments, essences, incense and ashes of the eleven dead are deposited.
There are the ashes, the sea, the stars, my life stories that pour the water in the mouth of the austral fish that nourishes me.
Then poetry arises and: "MOMMY I'M GOING TO TEACH YOU HOW TO PAINT A BOAT WITH ALL THE SEA"
Rips, reach me deeply, if you could talk to me
Language fell sounding
Movement fell sounding
Language that's not named. How can I?
Jumping, sparking seashells, echoes and economies
Absences that slip and look to the dead.
I cry and relieve myself
I see the grey ameivas cracking through the bushes, and the heat embraces them.
In Fandeo, The hacienda, where the sugar canes scorch, and the eyesight of the cows pass the field
To later transform it into PASTEURIZED MILK!
And you with the centimeter to measure the exaggerations, and Plankton dying eleven times.
Eleven.
Because eleven are the fleeting stars.

## AQUARIST

Aquarist
A distance inside
I am an aquarist who stares at the watercolor
I see the sky through the leaves
I see Plankton through the leave
And how it strains his blood through the stones of the
wall
I am an aquarist who diets on wheat bran
I can't cry, my aquarium is dry
The ardor that forms in the bight
The sea bight
Are Plankton tears
That shine in my nights
When sleeping has been denied to me
I close the doors of my Astral Body, I close the doors
of my Aura, I close the doors of my House, and I
forgive myself
And although I know it doesn't exist in the spiritual
plane, forgiveness, I forgive, for this way, I
transform the idea of anyone who wants to harm me
And so I remain convinced they are only memories
My mind cannot travel
The laser ray alarms stop my thoughts
I am in a petrified crystal box
Memories, dead memories, in past without time. The
time is now, just now, now.

## THE WORLD DISSAPEARS AND EVERYTHING KNOWN STOPS

The world disappears and everything known stops
Plankton, gunned down by the DISIP
He wanted NOT TO DIE, but Plankton is dead, and
must explain his firefly light
His corpse is impregnated with particles from the
moon of mirrors
AND HE SHINES AND LIGHTS ALL THE
HOUSES
His corpse moves, looking for a body to fit with
mirror fragments to cover him
To be a big lamppost that lights the world and travels
And every time is more difficult for his glazier corpse
to find a body that fits his lamp
Plankton casts his light into new Galaxies, tours the
Cosmos, looking, looking
And lands with a forced landing in ancient Egypt
The corpse looks for his roots
Enters a hotel room, and picks up the carpet with a
circle in the middle
He shakes it with all his might, and from the circle
jump hieroglyphs
THE CORPSE GETS TIRED, WANDERS, AND
SLEEPS
The corpse ask not to be disturbed
A nowhere man shouts
Nothing will change this world!
THE CORPSE DOESN'T HAVE A POINT OF VIEW
Plankton only wants to sleep

Not to be disturbed!

# ROSA FRANCISCA BEOTEGUI

ROSA FRANCISCA BEOTEGUI was born in 1956 in Valencia-Venezuela. A poet and architect, she graduated from the University of Los Andes, Merida. Rosa Francisca Beotegui is a teacher and vocational landscaper. Her poems have been published in several magazines such as *Imagen*, *Poetry*, and *The Literary Supplement of El Nacional;* and anthologies such as *70 Venezuelan Poets in Solidarity with Palestine, Irak and Lebanon*, *Young Poets of Merida* and *The Heart of Venezuela, the Homeland and Poetry.*

## (UNTITLED)

They bring the drowned
and come to see his other color
This crown of eyes
will bear the image of a drowned
as one who draws in the sand
an innocent game of solitude


Playa el Agua, Isla de Margarita 1980.

*"A Cristina Falcon and the bird of his poem in Cuenca"*

## (UNTITLED)

A little bird
Crosses my night
Crosses the road curb where I walk today
Crosses the street and returns
Its walk is mouse-and-puppet at a time
Its proximity almost an attack
His cry a wound

But what about?
He asks me death?
Children who no longer exist?
Is it life?
Is it about life?
(A burst of peace that is coming?)
Don't I understand?


Vero Beach, May 8, 2009.

# THE MEDAL

The coin gleamed in her hand, its glint as opaque as a sardine tin, a sheen as cheap and flimsy as a word ill scrawled or ill understood or ill undertaken. Even so, mother reckoned its heft, lifting it into the air like someone carefully cradling a fragile star so as not to drop it. No more than five centimeters of vertical flight, just space enough for the coin to turn over once in the air and return to the safety of my mother's half-lighted hand. Without remorse I think of the mother hen in the speed lane, trying with suicidal calm to look after her chicks that, themselves unruffled, surrounded her, eating scraps found on the shoulder of the road. So my mother, giggling a little as she bites down onto the coin, tosses it onto the floor, careful not to lose it in some free-will accident, and says, "it tastes like silver." She says, "No doubt it's a collectible," picks it up again and plants it in her bosom like a blossom…like a medal. I think, "Why so much fuss? Yes, it is a simple coin showing the father of the nation's face. It even has a spelling error in the inscription". My grandfather passing by, shuffling his feet, said: "In Spain they call that Toledan silver because it's like debased gold but in silver," and went out.

# CARLOS ARMANDO FIGUEREDO PLANCHART

CARLOS ARMANDO FIGUEREDO PLANCHART was born in 1936 in Caracas, Venezuela. Since early age he has been dedicated to the study of poetry in Spanish, French, English and German. He obtained in Switzerland the French Baccalauréat, and a Law degree and a Doctor of Science degree from the Central University of Venezuela, where he has been a professor of criminal law and human rights law. He has written hundreds of articles for the *El Universal* newspaper and for *Venezuela Analítica*, a web magazine. He translated into French the poems of Luis Alberto Machado "Canto al Hombre" and of Carmen Cristina Wolf "Canto a la mujer". Many of his poems have been compiled in a series under the name of *En Búsqueda del Tiempo Encontrado*.

**1)**


You led me to the path
and I knelt before the stone
at the hills and the threes
and the juice killed my thirst.

You made me celebrate
all that whiteness
of sheep and doves
the joy of fire
the water's enchantment
and that of Earth.

For me you opened
my love of stars and galaxies.

You taught me how to cherish
all human creatures.

You made me the captain
of an army of wisdom
to make me kneel
before God's word.


Translated by: Carlos Armando Figueredo Planchart.

**2)**

You were always there
as an instant of revelation
and, finally, I found you
filled with all the energy
through a hole in the universe
throwing us into an eternal dimension.


Translated by: Carlos Armando Figueredo Planchart.

**3)**

You don't hear
if you fail to listen
the sound in the Sun' reflection

What feeling is there
in your hands
if they ignore
the scent of caresses

Blind are your eyes
if they don't see
the color of music

Close your eyes
and travel through the night.
the light in your skin's pores
fills it with light.


Translated by: Carlos Armando Figueredo Planchart.

# ISABEL CECILIA GONZALES MOLINA

ISABEL CECILIA GONZALES MOLINA graduated in Literature from Catholic University of Venezuela, and has an Associate degree in Science in Broadcasting, A.I.F.L. She has a Master's Degree in Philosophy of Hispanic Arts from Florida International University. Isabel Cecilia Gonzales Molina is fluent in several languages: English (Certificate from Cambridge University) and French (Certificate from Université de Nancy II) For several years she worked as a Venezuelan Writer's Circle International Affairs Director. Her published work include: Novel: *Trance*, Arete editores, UCV. Novel: *Campos de neblina*, Ediplus. Poetry prose: *Bañada de azul*, Casa de la Cultura de Miami Beach.

**(UNTITLED)**

As far as I am concerned, we would live by the fire, filled with stories and dance. I wouldn't change anything, not even the end of our own story.

You, on the other hand, you must have done that: you must had invented an artifice in order to change the end. You must have been trying to wipe me out, thinking of thousands of ways to kill me. Not at gunpoint, not by professional killers; even more cruel, you are killing me in your memory.

You loved me briefly, as visitors love each other; in your bed you no longer dream of me.

In reality, you have shut me out; nevertheless, I am there.

It is impossible to erase my memory.

We have met.

**(UNTITLED)**

I am those children in a very full classroom, plenty of small furniture and colorful boards.

I am an afternoon under a mango tree, my brothers playing war, my mother strength, my father's coffin. I am a reckless boyfriend that gives me his first poems, a basket full of croissants for breakfast, a tomato farm, a teenager in transit. I am a train station surrounded by gypsies where I am waiting for someone to come for me, but no one comes. I am shared laughs, wine glasses mixed with conversations, inalienable writing, even the awful cigarette.

The essence of what I am can be reduced to a brief commentary.

**(UNTITLED)**

Imagination and desire were enough to travel the world, now, a fear, what we call precaution, is slowly taking over my existence. If it totally dominates me, I will never leave this armchair.

I have to do something, urgently, I need to break the barriers, run the streets, keep screaming, laugh at myself.

My love, come back, remind me that souls need to be awake, illusions are created from emptiness, seconds are not obstacles.

# ASTRID LANDER

ASTRID LANDER was born in December 1962 in Caracas, Venezuela. She graduated in Letters from Universidad Central de Venezuela. Her published works are: *La Distancia por Dentro*, Ramon Palomares Award, 1994. *AzuL e j o s*, Lucila Palacios Award, 1997. *SE ES Poemas Novelados* (Anthology of verses of Venezuelan poetesses.) She has been published in several anthologies: *La Maja Desnuda, Antología Circulo de Escritores de Venezuela, Mujer y Poesía, Escritoras venezolanas ante la crítica. En-Obra. Antología de la Poesía Venezolana 1983-2008, Antología 5to Festival Mundial de Poesía de Venezuela 2008. Peregrinas por el Camino de Santiago, Antología XIV Encuentro Internacional de Poetas.* Currently Astrid Lander is working in the *Anthology of Verses of Puerto Rican, Mexican and Costa Rica female poets.* Astrid Lander is president of ONG, an organization devoted to promote the literary work of Venezuelan Authors abroad.

## RONCESVALLES/ORREAGA

In the towns it is always Sunday morning.
I look for the quiet people
as if it were always naptime.
Even in the balconies
the designed bars are
hidden by bell-shaped flowers.
These towns are two names
snow roofed tiles
doors and windows of painted wood
hinges on view
stable design.
I hope that instead of a person
a horse comes out.


Taken from the book: *Buen Camino Towards the Way of Saint James*, Arete Editora. Caracas, 2008.

## THE CRUMBS ARE THE SIGN

The crumbs are the sign,
knowing in which house is the home.
The blue bird is the same yellow one.
I started as the firefly
to the final silk of the caterpillar.
I grow up when I tell you about myself.

Taken from the book: *AzuL e j o* s First Place of Lucila Palacios
Poetry Award 1997.

## ORPHEAN WAITS

The bird rests on the penultimate branch,
not the last,
that one is saved
for the illusion,
the fortune of the future.
The bird repeats:
With faith I lived, with faith I lived.
Enlivens like a hymn
rejuvenates swings
auscultations of May.
Turns of light
bounce like boomerangs
attracted
like a thousand-handed goddess.
And if it doesn't comes back?
Millions of times
I have believed in
its reappearance
in its return

# PEDRO M. MADRID M.

PEDRO M. MADRID M. was born and died in Caracas, Venezuela (June 19, 1958; October 15, 2013.) He was a philosopher and poet. He graduated Cum-Laude in Philosophy from Universidad Católica Andrés Bello in Caracas, Venezuela. He mastered several languages: Spanish, English, Portuguese and Mandarin. He held diplomatic positions in Brazil and China. A lover of extreme sports Pedro M. Madrid M. as cyclist made several tours being the most significant the mountain system of the Franco-Spanish round of the Pyrenees and the trip on roads of asphalt and land from Caracas to Santa Fe of Bogota. As a climber he admired the vastness and mystery of the Andeans mountains and conquered the Bolivar pike several times. As a swimmer in Venezuela distances did not exist and swam across the sea from islet "Cayo Sombrero" to the islet in front of it only illuminated by the rays of sunset. He practiced diving in the open sea.

Pedro M. Madrid M. lived intensely. The distress of an unequal world led him to question and seek answers to what surrounded it, what he saw and did not see.

Pedro M. Madrid M, existentialist poet, expressed his concerns and observations in thoughts and poems in his books *Las Alas Perdidas* and *Arkontika* (Both books at amazon.com)

The philosopher, writer and Director of The Cavern, school of creative writing in Florida Jose Diaz Diaz expressed the following:

"The title of the book *Las Alas Perdidas* along with *Arkontika*, his second book of poems, are the poet's heritage bequeathed to humanity (Amazon, 2012 and 2013). They are supreme poems that warrant prompt disclosure, in addition to academic studies that disaggregate and popularize its dense poetic and philosophical substance. For now, ahead of *Las Alas Perdidas* (Lost Wings) that is formed by an explosion of conceptual and sensory fragmented images as a fireworks flood the universe; by an orgy of language that draws the nonsense and absurdity of our time, parables and parodies sometimes creepy and terrifying and sometimes sweet and poignant.

However, the unit sense the book is homogeneous and focused on the fundamental concern of Pedro, which becomes transcendental tear, dissonant torture of a meaningless existence in abysmal gloom in cathartic acceptance of a vertical drop of contemporary man.

In futility, nothingness and the characteristic values of the false consciousness of us postmodern citizens is embedded thought and figurative language of the terrible images and some of the verses of the Venezuelan author. As George Orwell said: "If thought corrupts language, language can also corrupt thought." And in that sense, the semantics of Madrid's text is a confirmation of that sentence: language twists, it escapes; look close, and sometimes other, distant; blunt and realistic, now; fanciful and unreal, right away. It seems that the thought becomes in avenging scythe and language take the cathartic act of purification by the art of annihilation. This disaster saves anything or anyone. Do not hesitate to say that if the known epic poem Howl of poet Allen Ginsberg report the loss of a generation after World War II, Madrid's poem denounces the loss of all mankind at all times in its history."

Written by Jose Diaz Diaz, philosopher, and writer.

Director of The Cavern, school of creative writing in Florida, U.S.A

## II

To tear up: Here the work is born revealing the
origin...

World of contrasts where the dreams-obelisk
Burst in front waves of light
And the tempest of wandering
Paints suns at midnight.

To tear up: Here I suffer thirst or famine and the
harlequin laughs...

World of contrasts where the drunkenness
Is cloister for the meditation
And the food is the darkness.

To tear up: Here I link the avant-garde with the
internal recess of solitude...

World of contrasts where silence surrounds the
islands-paradise
And the ornamental act supports the words.

To tear up: Here I walk the roadway of the beehive
mined of the being-clock...

World of contrasts where the present projects the
future
And the hammer fixes the idea in the dream that opens
the dawn.

To tear up: Here I listen to the one that preaches
crucifying the Alpha...

World of contrasts where the craving and the cruelty
Throw pins to the sun.

To tear up: Here I unravel the meaningless one...

World of contrasts where they want to exhaust the
paradox
In the sacrifice of the shaded tent

And I tackle the ship embraced by the one that
prepares the farewell...

And the remembrance wants to recall the instant
Erasing the bad epoch
And to live from good memories
Accompanied by a faithful dog.

The remembrance: Inhabitant without soil...

It preserves the emotion of the infancy
Wallpapered in velvet purple
Wet and lubricious.

The remembrance: Painted origin fierce and fluid...

It bathes in gold the lack of interest
Leading with atonal voice to listen to the silence.

The remembrance: Desert transverse of nothing

Winged giant and trinity of three eyes
Sprouting stridently in the cloud of birds.

The remembrance: Massive kettle of stars

Vault of heaven daubed by success
Fishhooks of the cannibal race, too evident

The remembrance: Bait for the empty spectacle…

Bites the fish
And vomits the cultural cavern

The remembrance: It germinates buttoned in the
breast…

And the vault does not keep on falling down
More down more down

And hides plow in the vale of the crystal spring
The deep naked thought.

And hides plow in the vale of the crystal spring
The time of the isolated area or of the wretched wind.

And hides plow in the vale of the crystal spring
The devourer of social fruits.

And hides plow in the vale of the crystal spring
The underworld with a smile on the lips.

And hides plow in the vale of crystal spring
The station that opens the portals.

And hides plow in the vale of the crystal spring
The watchmen of the order that ties to the rock.

And hides plow in the vale of the crystal spring
The inaugurator of the shoot-out.

And hides plow in the vale of the crystal spring
The secret of the mirror.

And hides plow in the vale of the crystal spring
The buffoon risking the temporary nature.

Since the history of the Simian that laughs
It is the one that sustains the beginning of identity
And it is the sovereign beginning that edits and
proclaims
The continuous dream of the metaphysical power.

Since the history of the silkworm
It is that convolution of the brain
Providing him with an ecstatic look at the sky
And it is the sovereign beginning that flatters the ulcer
in the gullet of the poet.

Since the history of the thinker dilettante
It is the one that branches out into thin sensitive and
nervous completions
And it is the sovereign beginning of the psychotic

concoction
That provokes war and relaxes in sex
Calculating everything coldly.

Taken from the book *Las Alas Perdidas* (Spanish).
II Speech. By Pedro M. Madrid. M
Book at amazon.com
Translated by: Maria Gabriela Madrid

## POEM 27

Make love in lakes,
Forgot fish
Or waterfowl

Go up to the mountain of silence
And behold witness.
The smooth movement round
The wind.

Make sweet and gentle passion
A beautiful blast of flavor
Smile asleep in
The ceasefire.

Ask the friendly gesture
Tender, simple, natural
Sense the skin to slip.

Make songs help you
To lift the surf of calm
And macaws shout on
The white sand their
Dry and intense passions.

Make the kiss seal everything and
The hug be a paradise.

More join the tragic chorus
Of impossible love, laugh

Of the luck if
You have nothing to lose, spill
Your tears when you left off, assume
The memory as a game
Consciousness becoming, begins
Again, get lost and not come back, find
The place of fire, remember
The caresses of the cover of darkness, and
The illuminated attendances by nudity in your eyes
And
The dream that happened at the side,
Taking your breath.


Taken from the book *Arkontika* (Spanish)
By Pedro M. Madrid M.
Book at amazon.com
Translated by: Maria Gabriela Madrid

## POEM 5

I just forgot
What everyone knew

I just lost
What everyone wanted to keep.

Just returned
What I appreciated and threw away.

I just remembered
What I had of myself.

Thus, the wind heard the wind,
And here or anywhere,
The shadow passed without waking me from sleep.

There is a millennium split between the hungers.

Taken from the book *Arkontika* (Spanish)
By Pedro M. Madrid M.
Book at amazon.com
Translated by: Maria Gabriela Madrid

## XXXIII

SORROW

Still in this extinction luxury kidnaps us and anger
dances with us;
And in this immensity the illusion blinds us and the
mind comes like a vine

Still disguising deceitful truths with a warrior's song
Quieting opening the sense that extinguishes the
illusion of peace;
Quieting extinguishing in search for peace and this
one arrives without news.

After the big lie of everyone who was living

Was it living? …

Taken from the book *Las Alas Perdidas*
Speech XXXIII. By Pedro M. Madrid. M.
Book at amazon.com
Translated by: Maria Gabriela Madrid.

# EDICTA OPORTO DE GARCIA

EDICTA OPORTO DE GARCIA was born on September 16, 1929 in Cabimas, Zulia State, Venezuela, and died on October 26, 2011 in Venezuela at the age of 82 years old. Her father, Pedro Oporto, being the painter from Cabimas, encouraged Edicta Oporto de Garcia to develop the techniques of charcoal and oil. She obtained a grant from the Interamerican Academy of Havana, Cuba. Edicta Oporto de Garcia participated with her own songs in Zulia´s festivals and honored the city of Cabimas with a traditional gaita recorded in 1998. She presided over "The Foundation for the Arts Pedro Oporto."

## THE BRILLIANT

He was born
The Catatumbo lighting
Lit the arrival
He was the hero.
The heat of the sun
And the strength
Of the waves on the shores of a blue lake
Seized his being…
Moments of struggle awaited
On the fair land he was born into
Imposing figure
Completed being
One ideal
To fight for his country
Die or win…
In many battles
He fought at the front
Many came
And faced him
The hero had
A gift at hand
And warriors saw
Who this hero was
The country worships the great fighter

Born in Zulia
Of great pride…
His sublime figure
Of important stature
Was the reason Bolivar called him
The Brilliant.


(Dedicated to the politician, and General of Independence of
Venezuela, Rafael Urdaneta)

## REALITY OF LIFE

Over a hard and lonely road
My steps guide me
Not knowing where
Perhaps one day
After my long walk
This body of mine can finally rest…
I write my story
Which is entirely true
Everyone's story
Is an ideal book
And the hardships we encountered in life
Are like the stones that roll by
It is life itself I cannot comprehend
Don't know which mystery I must understand
To have our bodies, once so young and beautiful,
Meet their end at last.

I don't mean to feel sadness or sorrow
Or pretend with this to vary our path
It is just that moments like these make me want to cry
Observe those eerie bones, how frightful they are
But do not be ashamed, this is the reality of life.

## ASLEEP IN THE ETERNAL SILENCE

Asleep I am
In eternal silence
Such peace I find
As my body rests…
Nothing shines
But one divine light
In the gloom of night
Is this heaven? I ask
No one replies
For they are like me
Waiting for the answer we all seek…
Meanwhile others
Carry on with the show
Enjoying the party as we go along…

# GAVRIEL PERETZ

GAVRIEL PERETZ was born in Caracas, Venezuela in 1973 and was educated in the U.S.A. He studied at Georgetown University in Washington, D.C. After residing in Israel for several years, he now lives in London with his wife and two daughters.

## KIPPUR

To hear the clarion call of trumpets or
the stirring of the ghosts is a fate of wonder
the commandments are uttered in a voice as old as the
desert and muffled by a dry breeze.
The scapegoat is freed and its red ribbon flutters in the
heat,
To vanish without a trace. For our Lord.
Our sins are collected into a bowl and are mixed with
regret.
The voices of forgotten ancestors are heard once
more.
Then the Lord said to Moses: I have pardoned them,
as you have asked.

## SEFARAD

The memory of the vineyards and the holy places burns
like the sun of the Castilian plain.
Toledo. Seville. Lucena.
And the Lord said unto the adversary: from where do you come?
They came from the palace and the monastery,
the castle and the hut, a Catholic Queen and her confessor
to hasten a cruel servitude and pronounce their dire decree.
And so we left the gates open and the doors without locks, cast out of
Tarshish, away from the fragrant orange blossoms and
from the Guadalquivir, in whose waters a Leviathan
once swam to announce the birth pangs of a Messiah
that did not come,
had not come,
would not come.

## SHEMA

History is made up of single words, strung together
Like nails along the plank
But
There is one forceful, blessed command,
that there is one
that there is no other
and it set the world alight
in the days
of covenants and goatherds,
at a time of visions in the desert.
Do we hear it still?
Should we?

# MARY RODRIGUEZ HERRERA

MARY RODRIGUEZ HERRERA was born in Merida, Venezuela. She received a Law degree from Carabobo University in 1973, while studying music at the Conservatory of Aragua (1968-1973). In 1996 she earned a degree in Literature at The Central University of Venezuela. Her published work includes: *Diversos temas y jurisprudencia laboral* (1998) (Various topics and labor law) Mary Rodriguez Herrera was in charge of the Literary column *Buzón de Libros* in the magazine *Equinoccio* of the Venezuelan Writing Circle, and specialized in literary review (1993-1997). Due to this work, she received the Medal of Institutional Merit (1997). In 1998, she published *La Obra Poética de Marco Ramírez Murzi*. In 2008, she published her first book of poems *Poemas Guardados*.

## TRAVELERS

What we did best was traveling
Perhaps because we did nothing.
Simply see a new place
The traveler's curiosity, being in transit
Like that, without ever staying.
Always seeing each other.
I would have to roam around those places
Feeling that you are with me
Solitude is so easy
That I am used to my silence
To my own dialogues
After all, you did not understand me!
I had to drop being myself to be with you
Like a reflection of you
It could be no more,
Only if we were traveling,
We could walk awhile somewhere

## THE LAST LOVER

I had called you like this
The last lover
Astir in my memories
Hidden in the encounters
And we were only lovers.
I could never cope with the idea that
Sharing you I could love you too
And repress all feelings
The only important thing
was to meet you
and have you body to body
eternally and without any reservation.

## THE RETURN

Sometimes things stay steady
Each time you go.
Your signs are different.
Some stay, some follow you.
Books endure,
Verses read,
Your smell of lavender,
permeates the mirrors and walls.
Are impregnated.
Nostalgia stays,
The desire
and happiness are gone.
The best part of our trip
Is your return.

# LIDIA SALAS

LIDIA SALAS was born in 1948 in Barranquilla, Colombia, and has lived in Venezuela for forty years. Lidia Salas has a Master's degree in Literature from central University of Venezuela, and has received the following awards: Mention of Honor in the Antonio Arraiz Poetry Award in Barquisimeto (1992); Mention of Honor in the First Literary Biennial of the Cultural Association "Casa de Aguas", and the Poetry National Award of IPASME. Her published books of poetry include: *Arañando el Silencio* (1984); *Antología Quaterni Deni* (1992); *Mambo Café* (1994); *Venturosa* (1995); *Luna de Tarot* (2000); *Sedas de Otoño* (2006); *Itinerario Fugaz* (2008).

## CITY SONG

Today
I have arrived
In city number nineteen
of my itinerary.
Here, the sad sky
Is crossed by wires and doves.
Suddenly
It seemed to me
I had seen it all before
The squares, the streets and the people.
I have discovered the whole landscape
Worn out.
And I don't know if that happens
Because my town of birth
Is always in my heart
And my memory is filled with its image
Or perhaps in the world
The same street is everywhere

## AIR

I have returned from your body

dampened with a beating heart

Inside your sex drops

still surround my body

In your orphaned gaze

the air of my mouth rest.

## I COME FROM A SAD FAREWELL

I come from my mother's
desolate eyes
from an ancient plum tree
where I sat astride its branch
to see the sun set.
Spoiled by the oblivion
I sail through foreign docks
alienated by the duties of loneliness.
I wisher a ballad through the silks
of silence. On my back only
the shadow of death.
Between my night
and the incandescent light
of the headlamp, my wishes to see
the splendor of the reveille
in the island of the poem.

# MAGALY SALAZAR SANABRIA

MAGALY SALAZAR SANABRIA was born in La Asunción, Margarita Island, Venezuela.

She obtained a Magister in American Literature from the Pedagogical University Experimental Liberator, a Bachelor of Arts from The Central University of Venezuela, and PhD in Philosophy and Education from University of Barcelona, Spain. A poet and university professor, Magaly Salazar Sanabria is currently completing a PhD in Culture and Latin American and the Caribbean Art and is Director of Institutional Relations of Venezuela Writers Circle. Her published work include: *Not from the Sacred Rites,Ardentia, The House of the Watchman, La Casa del Vigía*. Honorable Mention Fondene, *Bajio Salt, Lever Fires and Sevens, Bodies of Resistance* and *Caudalie*. She co-authored: *The Visible, The Speakable, Quaternio Deni.*

## ARDENTIA

Call me
with one who walks on high
Call me
with that painting inside me
and I will return
all those photographs
that do not fit to death.
Call me with my loves and wounds.
Sent me on the sea
and it will be night
when the shoal shines
and I will tell you about the Ardentia,
what she knows about me.

Taken from the book: *Ardentia* (1992). Barcelona, Venezuela: Fondo Editorial Caribbean

## XXVII

At the edge of corporeal nature
Without an outline
Or a gesture
An old house emerges
And reconciles
Thought and feeling
When I return to occupy
The film of the photograph
Sitting at the feet of grandfather,
Lord of love
And fabrications.
It was a privilege to be in
The welfare of bricks
Beneath the frustration and joy
Of many goods

Taken from the book: *The House of the Watchman* (1993)
Pampatar, Venezuela: Editorial Fondene.

## LIX

The man remains hopeful
to take over the air,
manufactures wings
disguises its vital boundaries.
Happiness

# ANA MARIA VELASQUEZ ANDERSON

ANA MARIA VELASQUEZ ANDERSON was born in Caracas-Venezuela, 1962. She graduated in Literature at The Central University of Venezuela. After winning several contests she published shorts stories, essays and poems in various literary newspapers, magazines, and websites. Books published include: *Cadaques, palacio del viento,* 2010, *Con los ojos abiertos*, and *Crei que me besarias antes de partir*. Ana Maria Velasquez Anderson is married and has two sons. She lives and works in Caracas, Venezuela.

# POEMS OF A KAWOQ WOMAN

## POEM 1

We lost the battle Pachacamac

We did not know how to stand up for ourselves

Each one of us brought her own darkness

We walked backwards in allegiance to an angry god

Called upon by mistake

## POEM TWO

Shelter mud house
On Pumapungo Road
Halfway place
Far away, the Yanuncay River
Wild, dreadful
In the house I make a furrow in the soil
I plant the seed
Of a Kawoq woman, fertile midwife
I look upon clouds floating away
I forget black scorpions under mud pots

## POEM THREE

On a misty night
He danced a strange dance in front of me
Secret ritual for the bird I was
Now he is gone
To look for condors nests
They say that from those heights few men return
If they do, they come back crazy

# APPENDIX

# ALEJANDRO ROSALES LUGO

ALEJANDRO ROSALES LUGO, painter and poet was born in Ciudad Victoria, Tamaulipas, in 1945. He studied Philosophy at the UNAM and the Academy of Fine Arts in Rome. He worked as an illustrator for the University Press of the UNAM and the National Institute of Fine Arts (INBA), and is currently Professor of Graphic Design and Psychology of Art at the ULSA, Victoria.

Rosales is an artist since 1976, and his work, which could be described as "magical realism, with a surreal twist" is part of several private collections and murals that adorn some public buildings such as the General Hospital Tamaulipas, Torre de Cristal (Tower of Crystal), the Technologic of Victoria and Matamoros Convention Center.

In June of this year introduced Tattoos in the great library of the university La Salle in Mexico City, and has exhibited in Monterrey, Guadalajara, Guanajuato, San Antonio, Austin, New York, Rome, Argentina and Malaysia, among other cities and countries. In October 2001 he opened his art gallery and Plastic Design in Victoria, where whoever gets to witness his artistic process, as he is not jealous of his technique or his work.

He has published 5 books: *Bicycle Poetry* (1974), *Mamaleón* (1978); *The Landscape of the Body* (CECAT 1998); *From Adam to Cézanne Passing By Newton*; *People in my Town, Crazy, Sane and Wise* (chronic PACMYC 2009); *Still Life* (poetry, 2011); *Bicentennial Eagle, Sebastian*, coauthor Sebastian Foundation 2010, Mexico DF.

*TODOLOCURA*, Poetry Anthology 1974 -2014 (ALJA Editions, Amazon-2014). *The Landscape of the Body* (ALJA Editions, Amazon, 2014).

His work has been quoted in ten editions of fiction, poetry and visual arts, national and international, as Mexican Plastic Artists 1982 and 1990, edit, GDA, Mexico City. Biographical Dictionary of Tamaulipas, Universidad Autonoma of Tamaulipas by Juan Fidel Zorrilla and Carlos Gonzalez Salas, (1983). *Window to Mexico (Painters, sculptors, Mexicans photographers)*. International Bank of Commerce, Brownsville and Laredo Texas (1989). *Visual Stories, plastic Tamaulipeca* (2010).

As a poet is included in the *Anthology of Mexican Erotic Poetry of Jaramillo Levi*, Editorial Domes, Mexico, 1988. Research published by the Cultural Council of Nuevo Leon, Monterrey, NL 198. Photographic Composition, Mexican Society of Professional Photographers, 1990 *Ventura* bilingual edition, 1997. *Between The Panuco and El Bravo, Orlando Ortiz. Alejandro Rosales The Stratification of Dreams,* Government of Tamaulipas, 1997. Appears in the *Dictionary of Mexican Writers*, National Autonomous University of Mexico (Volume 7).

He has published in important magazines and journals such as: *Mesquite Review*, McAllen, Texas, 1997; *Journal Debate*, Rome Italy; *The Word and Man* University Veracruzana; *Starting Point*, UNAM; *Revueltas*; *Horno*, directed by Roberto Bolaño; *The Catfish*, Tampico; *The Purple Onion*, San Salvador; *Art and Ideas*, Lima, Peru. He coordinated *Cyclops Eye* a supplement of *Expreso* (Express) newspaper, Ciudad Victoria, Tamaulipas. He collaborated in *The Necklace of the Dove*, January 2012, Mexico appears in *Letras Libres*, January 2012, Mexico. *IETAM*

*Magazine, 2013. Poetry Anthology 2013*, Binational Anthology, ALJA Editions. Quoted in collections of the University of Texas at San Antonio and Brownsville, TX. Included in International Printing, University of Malaysia.

National Award for Border Cultural Projects, CONACULTA, 1992. Awards in poetry and short stories, Starting Point Magazine UNAM (1978-1980), the Poetry Prize -ESCA-POLITECNICO 1980, The Word and The Man, University Veracruzana. Prize drawing Institute Tamaulipeco of Fine Arts, 1982 1980. Emeritus Creator, Tamaulipas, Institute Tamaulipeco for Culture and Arts, 2004.

He participates in National and International Meetings and Biennials: International Cervantes Festival, Mexico (1994). Drawing Biennale Jose Clemente Orozco, Guadalajara, Mexico (1984). International Museum Biennale Mc Allen, Texas (1988). Rio Grande 88 League of Artist, Brownsville, TX (1988). Authors Festival of Plastic Arts. METRO, Mexico City (1992), Rio Grande Valley Museum, Harlingen, Texas (1995). Streets of Laredo, Arts Festival, Laredo, Texas (1996). Drawing Biennial Institute-Israel, Mexico 2007. International Meeting of Artists, Mazatlan Sinaloa, Mexico 2012.

**CONTACT:**
5 de Mayo South # 275, between Juarez and Zaragoza, Central Zone
C. P. 87000 City Cd. Victoria, Tamaulipas, Mexico.
Tel. (834) 312 4182

**WORKSHOP:**
5 de Mayo South # 318, between Matamoros and Guerrero, Central Zone

C. P. 87000 City Cd. Victoria, Tamaulipas, Mexico.
Tel: (834) 312 1473 Cell: (834) 148 3448
www.alejandrorosales.com.
E-mail: arlugo@yahoo.com.mx

# DARIO LANCINI

DARIO LANCINI, poet and painter, married to Antonieta Madrid was born and died in Caracas, Venezuela (1938-2010).

Lancini is regarded as the author of the world's longest palindrome, a text that reads the same from left to right and right to left, witty literary exercise that tested and enjoyed authors like Julio Cortazar and Augusto Monterroso.

Venezuelan Dario Lancini made works of art with his witty way of writing, as in his book *OIR A DARIO* (Hearing Dario) (1975) from the title that involves his name to the play of 750 words that make up the book is a palindrome.

The book *OIR A DARIO* brings together thirty palindromes of variable extensions, from one sentence to a surprising version of the play King Ubu by Alfred Jarry, recognized as the largest palindrome ever written.

So Manuel Caballero, his friend and colleague commented in 2009, -and with whom he shared time in prison together, too, with Rafael Cadenas- "In the thousand years of the Spanish language, only Venezuelan Dario Lancini has built a palindrome of 750 words, nothing short of a play based on that icon king Ubu surrealist Alfred Jarry."

Lancini also wrote texts that are called bifronticos that read the same but change their meaning when written otherwise.

Dario Lancini was one of the greatest exponents of this genre. Lancini was praised by authors such as the Guatemalan Augusto Monterroso and Argentine Julio Cortazar, who on March 13, 1977 wrote him the following letter:

Paris, 13/03/77

Dario Lancini, my friend, I just received from Sergio Pitol your wonderful OIRADARIO. Thank you, thank you very much for these fascinating hours I spent with your book, an endless book because I read it again and again, alone and with friends, in the street, in the dream. You have made me a gift I will never forget. In thus showing both sides of the mirror, poetry enriches us, we involved more in the frenzy of the word. Thank you,

With a hug,

Your friend,

Julio Cortazar

This letter was included as an appendix to the reprint of the book published by the same label in 1996.

Note: This biography contains information taken from the Internet.

# JOSE DIAZ DIAZ

JOSE DIAZ DIAZ (1948), Colombian naturalized American, graduated in Philosophy at the University of Santo Tomas in Bogota and pursued graduate studies in literature at the Javeriana University in the same city. After a few years teaching in the Colombian capital travels to Caracas in 1979 where he remained for ten years. There he was associated for a time with the Editorial Monte Avila where he served as Reader, under the direction of poet Juan Liscano. He served his country for four years at the Consulate of Colombia in Caracas. His returned to Bogota's only for a few years just because in 1966 emigrated to the United States. He lives in Hollywood, Florida.

From his early youth reads and writes on literary themes. The reviews, mini-trials and later Literary Criticism, occupy much of his time and of his labors. Finally narrative wins it entirely. He has a published book of short essays: *Literatura para principiantes* (Literature for Begginers. Spanish, 2006); the poetry book *Los Versos del Imigrante* (The Verses of the Imigrant. Spanish, 2008); the novel *El Último Romántico* (The last Romantic. Spanish, 2010), e-book version: *Retrato de un Incauto* (Portrait of an Unsuspecting. Spanish, 2013); book of stories; *The Manual: Everything needs to know a novice writer* (2014). His writings are published in various newspapers and magazines. His articles can also be read in anthologies like *Editions Suburban 2013 vol. 2; Letters and nostalgic Colombian in Florida and CEPI: Literary Notebooks. Los Ausentes* (The Absents. Spanish, 2013).

The theme of his narrative, of more than local or national universal trend, mainly revolves around the search for meaning in the life of modern man; overshadowed his conscience; and his stubborn choice to avoid falling into the abyss of total absurdity. The contents of his stories invite readers to dig in consciousness-sometimes dark and sometimes sparkle-of his literary creatures to sense the support of his symbolism.

His characters are often offset, limit offenders and beings. His writing tends to use techniques far more traditional and postmodern revels in experimentation.

He currently heads the School of Creative Writing: The Cavern, which has a collection of more than ten published titles. He writes for the online magazine *Sub-urban*. Their website: www.arandosobreelagua.com

# JAMES BRANDENBURG

JAMES BRANDENBURG has been twice poet laureate by the Association of Poetry of San Antonio, Texas.

He is a certified poetry therapist, an educator, and licensed in school counseling, professional counseling, and marriage family therapy; he has lived, worked, and taught in Germany and Spain for a combined 15 years; and he has two published books of poetry: *In Pursuit of the Butterfly* (1996), and *Somewhere Everywhere Irgendo Überall* (2003), which he co-authored with the Berlin poet Hejo Müller.

Brandenburg is an Adjunct Professor at San Antonio College, and Co-Founder of the magazine *Voices de la Luna, SA* (A Poetry and Art magazine in current collaboration with the Department of English at The University of Texas at San Antonio, Texas)

James Brandenburg speaks multiple languages: English, German and Spanish, and has recited his poetry in various states in the United States, and in several countries such as: Puerto Rico, Mexico, France, Germany and Spain.

James Brandenburg, for the second time has been invited to the prestigious Center for Training and Research of Depth Psychology (based on the teachings of C. G. Jung and Marie-Louise Von Franz) at Bethanien, Switzerland.